Hans Gölkel

Beiträge zur Syntax des Verbums und zur Satzbildung bei dem Redner Antiphon

Hans Gölkel

Beiträge zur Syntax des Verbums und zur Satzbildung bei dem Redner Antiphon

ISBN/EAN: 9783742891327

Hergestellt in Europa, USA, Kanada, Australien, Japan

Cover: Foto ©Andreas Hilbeck / pixelio.de

Manufactured and distributed by brebook publishing software (www.brebook.com)

Hans Gölkel

Beiträge zur Syntax des Verbums und zur Satzbildung bei dem Redner Antiphon

Beiträge

zur Syntax des Verbums und zur Satzbildung

bei dem Redner Antiphon

von

Hans Gölkel,
k. Studienlehrer.

Programm

der

Kgl. Studienanstalt Passau

zum

Schlusse des Schuljahres 1882/83.

Beiträge
zur Syntax des Verbums und zur Satzbildung bei dem Redner Antiphon.

Vorwort.

Der vorliegende Versuch ist hervorgegangen aus einer ursprünglich beabsichtigten umfassenden Behandlung der sprachlichen Eigentümlichkeiten des Redners Antiphon. Leider aber war es mir hauptsächlich in Folge der Beschränktheit des mir zu Gebote stehenden Raumes unmöglich, diese Absicht zu verwirklichen. Wenn ich mir nun zur Darstellung die Syntax des Verbums und die Satzbildung ausgewählt habe, so kann wohl die Frage aufgeworfen werden, ob denn Antiphon in dieser Beziehung von den übrigen attischen Rednern und den Prosaschriftstellern überhaupt so sehr abweiche, daß es sich verlohne, ihn nach dieser Seite hin selbständig zu betrachten und ob irgend ein nennenswertes Resultat aus dieser Betrachtung erwartet werden könne. Ich glaube diese Frage bejahen zu müssen und zwar vor allem deswegen, weil Antiphon an der Spitze der uns erhaltenen attischen Prosaiker steht, und es in Folge dessen von vornherein anzunehmen ist, daß, wenn man überhaupt die Sprache nicht als ein in völlige Erstarrung übergegangenes, sondern als ein in steter Veränderung begriffenes organisches Gebilde betrachtet, auch der früheste Vertreter der attischen Prosa sich in seinem Sprachgebrauch wohl unterscheiden müsse von dem seiner Nachfolger sowohl, wie nicht minder von dem vorhergehenden der jonischen Sprachperiode. Erst wenn man unterscheidet zwischen früher und später, wird man finden, daß die Regeln der Grammatik durchaus nicht in gleicher Weise für den einen Schriftsteller wie für den andern gelten, und wird man sowohl den Charakter des behandelten Schriftstellers genauer erkennen als auch ein Bild erhalten von der Entwickelung der Sprache überhaupt. Dazu nun auf beschränktem Gebiet beizutragen ist die Aufgabe dieser Arbeit. Es konnte mir natürlich nicht darauf ankommen, die ganze Lehre von der Syntax des Verbums bei unserem Redner durchzunehmen, sondern hauptsächlich nur solche Punkte herauszuheben, an welchen sich der Unterschied der antiphonteischen Sprachstufe gegen früher und später zeigt. Dies gab nicht selten zu einem Eingehen auf die Lehren der Sprachforschung und zu einer Auseinandersetzung mit der Darstellung der Grammatiker Anlaß. Wenn dies manchmal, wie beim Infinitiv, in ausführlicherer Weise geschieht und es den Anschein gewinnen möchte, es würde nicht sowohl die Sprache Antiphon's behandelt, als vielmehr einige Punkte der griechischen Syntax überhaupt verfolgt und besprochen, so bitte ich derartige Digressionen entschuldigen zu wollen; ich wußte einer antiphonteischen Spracherscheinung innerhalb der Geschichte derselben keine Stelle anzuweisen, bevor ich diese Geschichte selbst, wie ich mir ihre Entwickelung denke, dargestellt hatte. Außer den Eigentümlichkeiten der antiphonteischen Sprache aber, wie sie sich ergeben aus der naturgemäßen Fortentwickelung der Sprache, haben wir unser Augenmerk noch zu richten auf Eigentümlichkeiten anderer Art. Wir müssen uns erinnern, daß Antiphon die Sprache nicht nur zum naturgemäßen Ausdruck seiner Gedanken gebrauchte, sondern daß sie ihm vor allem Werkzeug der Einwirkung auf andere, der Ueberredung war. Daraus folgt, daß er die Sprache für seine rhetorischen Zwecke gestaltend sie als Sprachkünstler und Sprachneuerer behandelt. Er verleugnet in dieser Beziehung den gewaltigen, sich auf alle Literaturgebiete erstreckenden Einfluß der Sophistik nicht, die ja als Mutter der Redekunst betrachtet werden kann und die auf dem Gebiete der Sprache innerhalb einiger Dezennien größere Umwälzungen zu Stande brachte, als sie sich früher wohl in Jahrhunderten vollzogen. Allerdings kommen die rhetorischer Absichtlichkeit entspringenden Eigentümlichkeiten des antiphonteischen Stils für uns nur in geringerem Maße in Betracht.

Gemäß dieser Feststellung und Begrenzung meiner Aufgabe habe ich hauptsächlich für die Syntax einerseits Herodot, anderseits Thukydides und die attischen Redner bis Demosthenes incl. in Vergleichung gezogen. Thukydides konnte ich allerdings zu meinem größten Bedauern nur auf einige wenige Punkte hin vergleichen, da meine Zeit ein eindringenderes Studium nicht erlaubte. Bei Demosthenes sind mir Aehnlichkeiten mit Antiphon besonders in den Reden aufgefallen, welche auf die Vormundschaftsreden folgen; es stimmt das ganz zu dem, was man über die Beschäftigung des Demosthenes mit dem thukydideischen Geschichtswerk weiß. Ich hatte mir auch vorgenommen, diese Aehnlichkeiten besonders zusammenzustellen, doch liegt das von meiner Aufgabe zu weit ab und dann wird man ohnehin teilweise in dem folgenden Beziehungen der genannten Art erwähnt finden. Ich wollte nur darauf hingewiesen haben. Hilfsmittel, wie Grammatiken ꝛc., habe ich nach Kräften zu Rate gezogen; die Literatur über Antiphon war mir nur teilweise zu benützen möglich, da mir trotz der vielseitigsten Unterstützung manches nicht zugänglich war oder erst in den allerletzten Tagen vor Abschluß des Ganzen zuging, teilweise auch infolge der mir ziemlich karg zugemessenen Zeit zu lesen unmöglich war. Noch einen anderen Mangel, den Mangel sorgfältiger Ausarbeitung im einzelnen, muß ich auf den letztgenannten Umstand zurückführen. Auch die Ordnung wird wohl hie und da unterbrochen durch eine Zwischenbemerkung, die genau genommen in eine Anmerkung unter den Text gehört hätte. Ich bitte nicht allzustreng über diese Mängel richten zu wollen.

Bei der Ausarbeitung meiner Aufgabe hielt ich mich an die Ausgabe von Blaß, erste Aufl., die zweite Auflage bekam ich erst später in die Hände.

Was Antiphon im Allgemeinen betrifft, so verweise ich auf Blaß: Geschichte der attischen Beredsamkeit, Band I. Ueber zwei spezielle Punkte muß ich mir noch ein Wort erlauben. Was die Echtheit der Reden betrifft, so bin ich von der Voraussetzung ausgegangen, daß sie alle dem Antiphon zuzusprechen sind, und habe auch bei genauerer Betrachtung, die sich nicht auf die in dieser Arbeit berührten Punkte beschränkt, nichts gefunden, was die Unechtheit der Reden beweisen könnte. Die gegen die Autorschaft des Antiphon vorgebrachten Argumente halte ich für nicht stichhaltig oder wenig bedeutend.

In der Handschriftenfrage ferner galt mir Blaß als Autorität, dem mich nur in der Wertschätzung der editio Aldina nicht anschließen konnte. meiner Freude sehe ich jetzt, daß Blaß in der zweiten Auflage die Aldina nfalls auf eine tiefere Stufe stellt. Ich werde im Anhang auf diese age noch zurückkommen und an einzelnen Fällen beweisen, daß die vor= zlichere Lesart, welche die Aldina zu bieten scheint, nur auf Conjectur :ückzuführen ist.

Ich hätte mich über jeden einzelnen dieser Punkte gern ausführlicher :breitet, wenn ich nicht fürchten müßte, von meiner eigentlichen Aufgabe durch abgezogen zu werden. ἀλλὰ γὰρ προσευξάμενοι τοῖς λογίοις, ἀγαθὸν ἓν καὶ τοῖσδε τοῖς πόνοις ἐπινεῦσαι τὸ πέρας, ἔργου ἐχώμεθα.

I.

Wie ich schon in der Einleitung erklärt habe, kann es nicht meine Aufgabe sein, bei der Lehre von der Syntax des Verbums Punkt für Punkt die genera, tempora und modi des Verbums zu behandeln; bei den genera verbi speziell habe ich eine Besonderheit des antiphonteischen Gebrauchs nicht entdeckt. Anders schon verhält es sich mit den temporibus. Da Herodot darin wenigstens teilweise, wie bei den praeteritis, andere Gebrauchsweisen zeigt als die Attiker, so könnte man fragen, ob sich nicht bei Antiphon Spuren des älteren Gebrauchs finden oder ein Uebergang zu dem späteren Gebrauch. Allein man kann von der Entwickelung der praeterita nicht reden, wenn nicht die Grenzen des älteren Gebrauchs ganz zweifellos feststehen und da dies, wie mir scheint, noch nicht der Fall ist, so läßt sich auch zumal bei dem geringen Umfang des antiphonteischen Nachlasses wenig Bestimmtes sagen. Vielleicht wäre die Abwechselung von impf. und aor. I 30 ($\dot{\epsilon}\pi\acute{\epsilon}\sigma\kappa\eta\pi\tau\epsilon\nu$ — $\dot{\epsilon}\delta\acute{\eta}\lambda\omega\sigma\epsilon\ \kappa\alpha\grave{\iota}\ \dot{\alpha}\pi\acute{\epsilon}\sigma\tau\epsilon\iota\lambda\epsilon\nu$) aus dem Vorgang Herodots, der ja auch zwischen impf. und aor. manchmal für uns ununterscheidbar wechselt, zu erklären und ebenso vielleicht auch verschiedene andere Stellen besonders der VI. Rede. Während ich mich hier mit dem Bekenntnis der mangelnden Einsicht begnüge, verhält es sich anders mit I 16 $\dot{\eta}\varrho\acute{\omega}\tau\alpha\ o\mathring{v}\nu\ \kappa\alpha\grave{\iota}\ \mathring{\eta}\ \dot{v}\pi\acute{\epsilon}\sigma\chi\epsilon\tau o$. Wenn Hoppe nämlich in seiner Dissertation Antiphonteorum specimen, Halle 1874, S. 34 diese Worte zurückführt auf das Streben zu variieren, so ist dagegen zu bemerken, daß jedes dieser Verba in dem ihm eigentlich zukommenden Tempus steht. $\dot{\eta}\varrho\acute{\omega}\tau\alpha$ bezeichnet nämlich, daß die Handlung des Fragens so lange nicht vollendet ist, bis die Antwort erfolgt. Wenn wir das im deutschen Ausdruck verdeutlichen wollen, so müssen wir übersetzen: „sie wollte wissen". So steht das impf. überhaupt bei Verbis, deren Vollendung in den Händen eines andern ruht. Es hängt das ja innig zusammen mit der durativen Bedeutung des impf., aus welcher das sogenannte impf. de conatu hervorgeht. Als solches können wir bezeichnen V 37 $\dot{\epsilon}\pi\epsilon\iota\delta\grave{\eta}\ \delta\grave{\epsilon}\ \tau\tilde{\omega}\ \psi\epsilon\acute{v}\delta\epsilon\sigma\vartheta\alpha\iota\ \dot{\alpha}\pi\acute{\omega}\lambda\lambda v\tau o,\ \dot{\eta}\gamma\acute{\eta}\sigma\alpha\tau o\ \tau\dot{\alpha}\lambda\eta\vartheta\tilde{\eta}\ \kappa\alpha\tau\epsilon\iota\pi\grave{\omega}\nu\ \delta\iota\grave{\alpha}\ \tau o\acute{v}\tau o\iota\ \sigma\omega\vartheta\tilde{\eta}\nu\alpha\iota\ \ddot{\alpha}\nu$: „als er nahe daran war zu grunde zu gehen", vgl. And. I 58 $\varphi o\nu\epsilon\grave{v}\varsigma\ o\mathring{v}\nu\ \alpha\mathring{v}\tau\tilde{\omega}\nu\ \dot{\epsilon}\gamma\iota\gamma\nu\acute{o}\mu\eta\nu\ \dot{\epsilon}\gamma\grave{\omega}\ \mu\grave{\eta}\ \epsilon\dot{\iota}\pi\grave{\omega}\nu\ \dot{v}\mu\tilde{\iota}\nu\ \ddot{\alpha}\ \ddot{\eta}\kappa o v \sigma \alpha,\ \ddot{\epsilon}\tau\iota\ \delta\grave{\epsilon}\ \tau\varrho\iota\alpha\kappa o\sigma\acute{\iota}o v \varsigma\ \dot{A}\vartheta\eta\nu\alpha\acute{\iota}\omega\nu\ \dot{\alpha}\pi\acute{\omega}\lambda\lambda v o\nu\ \kappa\alpha\grave{\iota}\ \dot{\eta}\ \pi\acute{o}\lambda\iota\varsigma\ \dot{\epsilon}\nu\ \kappa\alpha\kappa o\tilde{\iota}\varsigma\ \tau o\tilde{\iota}\varsigma\ \mu\epsilon\gamma\acute{\iota}\sigma\tau o\iota\varsigma\ \dot{\epsilon}\gamma\acute{\iota}\gamma\nu\epsilon\tau o$: „ich war nahe daran zu grunde zu richten" („fast hätte ich zu grunde gerichtet"). Es bezeichnen diese impf. das Unvollendetsein in der Vergangenheit. Ebenso hat aber auch das praesens diese Bedeutung des Unvollendetseins und des andauernden Zustandes, wie man besonders an IV γ 1 $\tau\iota\mu\omega\varrho o\tilde{v}\nu\tau\alpha\varsigma$ ersieht und man könnte mit demselben Recht, wie von einem impf. de conatu, so vor einem praes. de conatu sprechen. So heißt VI 28 $\delta\iota\delta\acute{\alpha}\sigma\kappa o v \sigma\iota$: „sie wollen lehren" (wenn man nicht lieber will: „sie ihresteils lehren"). Wenigstens ist die Handlung nicht resultativ, wie man den deutschen Ausdruck „sie lehren" auffassen kann. Deutlicher wird das an solchen Beispielen, die im Deutschen immer ein Resultat bezeichnen, wie διδόναι „geben" statt „geben wollen" oder „geben, was nicht angenommen wird", δουλοῦσθαι, ἐλευθεροῦν „unterjochen, befreien" statt „an die Unterjochung, Befreiung gehen". So ist auch Dem. XXI 85 πείθειν wohl nicht anders zu erklären als mit „überreden wollen". Es entwickelt sich also bei diesen Formen aus dem Begriff der Dauer der des Bereitseins zu etwas und damit stimmt sowohl die Bemerkung von Mätzner zu Ant. VI 4 ἁγνεύει τε ἑαυτὸν καὶ ἀφέξεται ὧν εἴρηται, wenn sie auch Hoppe zur Erklärung dieser Stelle mit Recht für unnötig erachtet (Hoppe S. 34), als auch die Lehre der Sprachforschung, daß das futurum kein ursprüngliches tempus sei, sondern anfangs vom praesens vertreten worden sei, wie die Formen ἔδομαι, πίομαι, εἶμι bezeugen. Aus dem Begriff des Bereitseins entwickelt sich nämlich der des Wollens und Werdens. Deutlich erscheint das bei den Partizipien, die eine Absicht bezeichnen und die im praesens stehen, während man das futur erwartet. Herodot II 75 ἦλθον πυνθανόμενος, obwohl derselbe Schriftsteller auch sagt πυνθανόμενος εὕρισκε II 2, vgl. II 118, III 58 βοηθέοντες „um zu helfen", 128, VIII 143 2c. Auch bei den Rednern ist dieser Gebrauch nicht selten; vgl. Dem. XIX 40 ἀφαιρούμενος ut eriperet, u. 78 ὑπεξαιρούμενοι ut subriperetis, XXI 178 ἐξείργων ut excluderet 2c., auch Gorg. Palam. 31 δηλῶν ist hierher zu ziehen. Vgl. übrigens neben Delbrück: Syntaktische Forschungen, IV S. 80 die interessante Abhandlung von G. Mahlow in Kuhns Zeitschrift, XXVI. Band, 6. Heft: „Ueber den Futurgebrauch griechischer Präsentia", welche zu gleicher Zeit auch die übrigen Tempora des griechischen Verbs in Betrachtung zieht.

Es ist nach dem Gesagten nicht schwer zu erklären, wie die ursprüngliche Tempusbedeutung des praesens und besonders des impf. in eine Mobusbedeutung übergehen konnte. Denn aus dem Unvollendetsein der durativen Handlung ergibt sich ein Gegensatz zur Wirklichkeit der momentanen, besonders der resultativen Handlung, also δίδωμι (durativ) nicht sowohl „ich gebe" als „ich bin bereit und geneigt zu geben, ich will geben", wobei nicht entschieden ist, ob das Geben stattfindet oder nicht; es ist das eine wie das andere möglich; ebenso ἐδίδουν „ich wollte geben", zunächst ohne daß daran gedacht wird, ob das Geben stattgefunden hat oder nicht. Weil nun aber vom Standpunkt der Gegenwart aus schon entschieden sein muß, ob eine Handlung zu ende gekommen ist oder nicht, so wendet man ἐδίδουν nur an, wenn man bezeichnen will, daß das Geben nicht stattgefunden hat; denn wenn es wirklich stattgefunden hat, so wird man eben nicht sagen: „ich wollte geben", sondern „ich gab".

Ueber eine zweite Modalbedeutung des impf. werden wir später noch handeln.

Neben den aus der Tempusbedeutung abgeleiteten Mobusbedeutungen kommt dem indicativ des praesens und imperf. noch eine zweite, die eigentliche Mobusbedeutung des indic. überhaupt zu, nämlich die der Wirklichkeit, aber auch die der gegebenen oder gesetzten Wirklichkeit. Vgl. das Programm von Gerth: Grammatisch-Kritisches zur griechischen Moduslehre, Dresden-Neustadt 1878. Der Verfasser zitiert Dem. III 18 οὐ λέγει τις τὰ βέλτιστα κ. = εἴ τις μὴ λέγει κ. Vgl. auch XVIII 117, XXII 26 und XXI 179. Dann muß natürlich die nachfolgende Aussage wie das Verb im conditionalen Nachsatz bedingte oder beschränkte Geltung haben. Mir scheint der indicativus praesentis in dieser Weise gebraucht hervorgegangen zu sein aus seiner Verwendung in allgemein gültigen Behauptungen, in Sentenzen. Wenn Herodot I 8 sagt: ἅμα δὲ κιθῶνι ἐκδυομένῳ συνεκδύεται καὶ τὴν αἰδῶ γυνή, so ist das eine aus einer Beobachtung von thatsächlichen Einzelfällen hervorgegangene allgemeine Behauptung einer Thatsache, deren Eintreten abhängig ist von der in ἅμα δὲ κιθῶνι ἐκδυομένῳ liegenden Bedingung; es folgt aus der Wirklichkeit der Thatsache auch die allgemeine Möglichkeit derselben. Gewöhnlich wird nun wohl die Bedingung oder Beschränkung der Wirklichkeit durch einen besonderen Satz ausgedrückt; die einfachste Vertretung des Bedingungssatzes bildet natürlich das participium, Herodot I 207: ἑσσωθεὶς μὲν προσαπολλύεις πᾶσαν τὴν ἀρχήν (wobei προσαπολλύεις an Stelle und im Sinne eines Futurs steht, vgl. Mahlow). Ant. III γ 4 πιστεύων-ὑπερορῶ. Es gibt aber auch anderen Ersatz des Bedingungssatzes, vgl. A. V 46 καθ᾽ ὅτι δ᾽ ἂν ὑμεῖς ὀρθῶς γνῶτε, κατὰ τοῦτο σῴζομαι, καθ᾽ ὅτι δ᾽ ἂν ψευσθῆτε τἀληθοῦς, κατὰ τοῦτο ἀπόλλυμαι. Auch diese praesentia haben Futurbedeutung, gewinnen sie aber erst durch die Vergleichung mit dem Nebensatz. Aehnlich scheint mir auch And. IV 2 aufzufassen zu sein: προθύμων μὲν καὶ ἀγαθῶν ἀνδρῶν ὑμῶν τυγχάνων, δι᾽ ὅπερ σῴζομαι. Wie weit mit rhetorischer Tendenz diese beschränkte Gültigkeit einer Aussage ausgedehnt wurde, lehrt Dem. XVIII 247: ὥστε ἀήττητος ἡ πόλις τὸ κατ᾽ ἐμέ. Demosthenes kann im Jahr 330 behaupten, daß trotz der Schlacht bei Chäronea Athen unbesiegt geblieben ist, nämlich τὸ κατ᾽ ἐμέ. Man kann also sagen, die Beschränkung der Gültigkeit einer Thatsache geht so weit, daß sie die Wirklichkeit der Thatsache selbst aufhebt. Vgl. Dem. XXIV 38: ἐξήλειψε, ὅσον ἦν ἐπ᾽ ἐκείνῳ. Ja es braucht diese Beschränkung gar nicht einmal besonders ausgedrückt zu werden; so Lys. XIII 63 οἱ δ᾽ αὐτῶν περιγενόμενοι καὶ σωθέντες, οὓς οὗτος μὲν ἀπέκτεινεν ὁμοίως καὶ θάνατος αὐτῶν κατεγνώσθη „er tötete, so viel an ihm lag"; freilich muß diese Bedeutung aus dem Zusammenhang gefolgert werden können, wie in unserer Stelle aus dem σωθέντες.

Mahlow sagt S. 580: „Es ist bekannt, daß im Griechischen praes., impf. und aor. auch den ausgeführten Versuch einer Handlung ausdrücken." Aehnlich spricht sich auch Kohlmann in dem Programm von Eisleben 1881: „Ueber das Verhältnis der Tempora des lateinischen Verbums zu denen des griechischen" aus. Ich kann mich mit dieser Ansicht nicht befreunden; ich glaube vielmehr, daß alle die Fälle, welche zur Unterstützung der obigen Behauptung angeführt werden, zu erklären sind aus der von uns auseinandergesetzten Modalbedeutung des indicativus und aus der rhetorischen Verwendung dieser Bedeutung, die wir ja besonders auffallend in der obigen Stelle bei Lysias XIII 63 hervortreten sehen. Für die Stelle Soph. Aj. 1127 erkennt Kohlmann S. 10 selbst das Richtige: „Trotzdem die Absicht der Ermordung des Menelaus vorlag, so wird man doch hier eher an die Auffassung: „„er tötete mich, wie er vermeinte"" denken." Auch die aus Euripides genommenen Stellen sind nicht anders zu erklären, also ist Eur. Jon. 1291 ἔκτεινά σ᾽ ὄντα πολέμιον δόμοις ἐμοῖς zu übersetzen: „ich tötete dich (nämlich, so viel an mir lag)", nicht „ich wollte dich töten". Ganz bereinstimmend mit dieser Erklärung ist auch die von R. Kühner, Grammatik § 386, 12.

Daß auch das futurum Modalbedeutung hat und ursprünglich mit ein conjunctivus so ziemlich identisch war, ist bekannt. Auch bei unserem Redner sehen wir conj. u. fut. gleich gestellt I 4: πρὸς τίνας οὖν ἔλθῃ τις ἱκέτης ἢ ποῖ τὴν καταφυγὴν ποιήσεται, womit schon früher verglichen worden ist Eur. Jon. 758 εἴπωμεν ἢ σιγῶμεν ἢ τί δράσομεν; vgl. auch Hoppe und Mätzner zu dieser Stelle.

Besonders häufig bemerken wir bei Antiphon die Ellipse von ἄν sowohl beim opt. als auch bei dem ind. der praeterita, welcher als irrealis der Vergangenheit eintritt. Blaß setzt dies großenteils auf Rechnung der verderbten Ueberlieferung und fügt es gegen die handschriftliche Autorität wieder ein. So viel ich gesehen habe, unterscheidet sich in dieser Beziehung die zweite Auflage nicht von der ersten, mit Ausnahme des einen Falles II α 4, wo er in der zweiten Auflage auf die Einsetzung von ἄν wieder verzichtet. Ob Blaß in dieser Frage nach bestimmten Grundsätzen verfahren oder bloß von seinem Sprachgefühl im einzelnen Fall sich hat leiten lassen, weiß ich nicht. Jedenfalls aber ist die Frage aufzuwerfen, ob denn ἄν in den betreffenden Fällen wegzulassen nicht möglich und nicht wahrscheinlich sei, und ob sich bestimmte Gesichtspunkte, wenn nicht Gesetze, aufstellen lassen, nach welchen die Einfügung oder Auslassung von ἄν sich richtete. Daß von vornherein ἄν ausgelassen werden konnte, kann wohl nicht bestritten werden, sobald man die Lehre der Sprachforschung acceptiert, daß ἄν nur ein Moduskoeffizient ist. Es bleibt aber dann immer noch übrig, die Grenzen zu bestimmen, in welchen es thatsächlich weggelassen wurde.

Ich werde mich im folgenden auf die Betrachtung der Fälle beschränken, in welchen das impf. ohne ἄν statt wie man erwartet mit ἄν steht. Denn nur bei diesen bin ich mir einigermaßen sicher geworden, wie die Ellipse von ἄν zu erklären ist. Es lagen mir bei dieser Untersuchung zwei spezielle Abhandlungen vor, das Programm von Gerth: „Grammatisch-Kritisches zur griechischen Moduslehre" und die umfassende Zusammenstellung der Fälle in der klassischen Gräcität von Frohberger, in welcher die Auslassung eines ἄν erklärt wird aus dem Uebergreifen der Bedeutung eines andern in der Nähe stehenden ἄν, im Philol. XIX 599 ff.: „Ueber die Unterordnung mehrerer Verba unter ein ἀπὸ κοινοῦ stehendes ἄν." Es ist klar, daß der Standpunkt des Verfassers dieser Abhandlung ein ganz anderer ist, als der, von welchem aus wir die Frage betrachten wollen.

Es zeigt schon die Vergleichung von IV β 2 ἠδίκουν μὲν (ἄν) οὐδ᾽ οὕτως mit Is. IV 11 οὕτω γὰρ οὐδ᾽ οἱ νόμοι κατεφρονοῦντο ꝛc., daß die Partikel ἄν von Blaß ohne zwingende Not eingesetzt worden ist und auch die Betrachtung der Stellen II β 3 und II β 9, wo die Einsetzung von ἄν für unnötig gehalten wurde, muß uns vorsichtig machen. Es fragt sich jedenfalls vorerst, ob wir die Ueberlieferung nicht erklären können. Dazu aber scheint es mir notwendig, auf den homerischen Sprachgebrauch zurückzugehen, den Gerth in dem genannten Programm dargestellt hat. Bei Homer nun tritt das impf. gewöhnlich mit κέν viel häufiger als der aor. auf: 1) als irrealis abwechselnd mit dem opt. mit κέν. „Der opt. herrschte als modus der Einbildungskraft ursprünglich auch im Gebiet des als unwirklich Vorgestellten". 2) als potentialis neben dem opt. mit κέν. In beiden Fällen aber weist das impf. mit κέν fast ausnahmslos in die Vergangenheit. Gerth folgert aus dem homerischen Gebrauch gegen die Aufstellung von Aken, daß der indicativ ebensowenig in Wunsch- wie in Bedingungssätzen, die in die Vergangenheit weisen, an sich irgend welche irreale Bedeutung habe: „er verleugnet auch hier nicht seine Natur als Modus der gegebenen oder gesetzten Wirklichkeit im Unterschied vom optativ, der von der Wirklichkeit vollständig absieht". Nun könnte man sagen: „Wenn also die Bezeichnung der Nichtwirklichkeit nicht im Verbum ausgedrückt ist, dann liegt sie eben in der Partikel ἄν und eben deshalb darf diese Partikel beim modus irrealis nie fehlen". Man würde aber doch mit dieser Behauptung irren, denn daß die Partikel ἄν nicht auf Nichtwirklichkeit hinweist, geht ja aus ihrem sonstigen Gebrauch hervor; ebenso wird es aus dem von Gerth gebrachten Beispiel Jl. II 686:

νήπιος· εἰ δὲ ἔπος Πηληιάδαο φύλαξεν
ἦ τ᾽ ἂν ὑπέκφυγε κῆρα κακὴν μέλανος θανάτοιο

„Gesetzt, er hörte auf des Peliden Mahnung — dann entging er dem Verhängnis", klar, daß ἄν nicht auf die Nichtwirklichkeit hinweist. „Daß die Voraussetzung nicht eingetroffen, ist durch die Worte an sich nicht bezeichnet, sondern aus dem Zusammenhang, aus einem vorher oder nachher hervorgehobenen „„es war nicht so"" zu erschließen." Es ist also genau zu scheiden zwischen dem, was die Worte eigentlich besagen, und dem, was man mitverstanden haben will. Es kommt dem indicativus selbst auch eine sumptive Natur zu und dieses sumptive Verhältnis auszudrücken kommt auch der Partikel ἄν zu („dann, in diesem Falle"); sie kann also mit Recht ein Moduskoeffizient genannt werden, weil sie nur zur Verstärkung eines schon im indicativ liegenden Begriffs hinzutritt. Bei Homer wird also der potentialis und der irrealis der Vergangenheit durch das impf. ausgedrückt. Auch bei Herodot und in der attischen Periode wird für diese Modalverhältnisse nicht selten das impf. gebraucht. Nach unsern obigen Ausführungen ist dies nicht schwierig zu erklären. In dem oben zitierten Beispiel aus Andokides (I 58) ist der Bedeutungsübergang von ἀπώλλυον zu „fast hätte ich getötet" leicht erkennbar; es ergibt sich nämlich diese Bedeutung daraus, daß wir oder vielmehr der Sprechende weiß, daß er in Wirklichkeit nicht getötet hat. Je nach der Erfahrung aber, die der Sprechende von der Verwirklichung des in ἀπώλλυον ausgedrückten unvollendeten Zustandes hat, ergiebt sich nicht nur der irrealis, sondern auch der potentialis der Vergangenheit. Es sind nämlich drei Annahmen möglich: Entweder weiß der Sprechende nicht (oder er denkt nicht daran), ob die Handlung des Verbums zu ende gekommen ist; dann ergibt sich der potentialis der Vergangenheit (ἀπώλλυντο „sie dürften wohl zu grunde gegangen sein", unentschiedene Möglichkeit), oder er weiß, daß sie nicht zu ende gekommen, dann ergiebt sich der irrealis der Vergangenheit (ἀπώλλυντο „sie wären zu grunde gegangen"), oder schließlich: er weiß, daß sie zu ende gekommen, dann wird er aber das impf. ἀπώλλυντο von vornherein nicht anwenden und es kommt somit diese dritte mögliche Annahme gar nicht in betracht. Doch hat man festzuhalten, daß die obigen Bedeutungen nur gefolgerte sind. Es kommen dazu die zwei eigentlichen Modalbedeutungen des ind. impf., die der Wirklichkeit und die der angenommenen oder gesetzten Wirklichkeit

Für die Erkenntnis der Bedeutung des impf. und seiner modalen Verwendung ist sehr wichtig die Vergleichung mit den Ausdrücken der unerfüllt gelassenen Forderung ἔδει ꝛc., wohin auch zu rechnen sind die Ausdrücke, welche den Begriff der Möglichkeit, Pflicht, Geneigtheit ꝛc. bezeichnen. Wenn wir bei Antiphon II β 6 lesen πῶς οὐκ εἰκὸς ἦν ἐμοῦ μᾶλλον διαφθεῖραι αὐτόν, so entspricht εἰκὸς ἦν dem Begriff des impf. ἀπώλλυον, διαφθεῖραι dem Sachbegriff von ἀπολλύναι. Ebenso die Wendungen mit ἔμελλον, das mir der eigentliche Träger des impf.-Begriffes zu sein scheint, und das nicht selten an Stelle des praeteritum mit ἄν steht. So ist Her. II 43 καὶ μὴν εἴ γε παρ' Ἑλλήνων ἔλαβον οὔνομά τευ δαίμονος, τούτων οὐχ ἥκιστα, ἀλλὰ μάλιστα ἔμελλον μνήμην ἕξειν = μνήμην ἂν εἶχον. Dies ist bei Herodot nicht selten, vgl. Stein zu dieser Stelle. Ebenso bei unserm Redner II γ 5 ἔμελλε κινδυνεύειν, VI 36 καὶ οὔτ' ἂν ἐγὼ οἷός τ' ἦν ἐπεξελθεῖν εἰρχόμενος τῶν νομίμων, ἐκεῖνοί τε ῥᾳδίως ἔμελλον ἀποφεύξεσθαι, vgl. ferner Lys. VII 24, Dem. XLV 14, Aesch. III 164, Lyc. 52. Im Lateinischen zeigt sich dieselbe Anschauung: Der indicativus an Stelle des irrealis der Vergangenheit ist regelmäßig der des impf. (manchmal auch des plusqpf.), der ind. perf. dagegen steht nur bei Verbis, die mit einem inf. verbunden sind und wie μέλλειν als Hilfsverba dazu betrachtet werden können, in welchen der Begriff des impf. zum Ausdruck kommt. Daher zwar Cic. off. II 1 eram confectus — nisi restitissem, fam. XII 10 viceramus — nisi recepisset, Verr. V 49 si licitum esset — veniebant (sie wollten kommen); leg. I 19 labebar, nisi me retinuissem, off. II 19 admonebat — ni vererer; dagegen perfectum: Liv. XXII 60 non modo sequi recusarunt bene monentem, sed obsistere ac retinere conati sunt, ni strictis gladiis viri fortissimi inertes submovissent. Es sind diese Beispiele aus dem Programm von Obermaier, Regensburg 1881, entnommen.

Somit ist die modale Bedeutung des impf. erklärt und die Möglichkeit der Auslassung von ἄν nachgewiesen. Es fragt sich nun: Wann wurde es thatsächlich ausgelassen? Gibt es überhaupt eine feste Norm für die Ellipse von ἄν? Es muß vorerst auffallen, daß, wenn das bloße impf. zum modalen Ausdruck schon ursprünglich geeigenschaftet war, doch eine Weglassung von ἄν bei Homer so selten ist (daß sie vorkommt, zeigt Od. N 384, Y 331). Sollte man nicht im Gegenteil erwarten, daß, wie die Koeffizienten des Casus, die Präpositionen, erst später an Ausbreitung der Verwendung gewonnen, so auch der Moduskoeffizient ἄν bei Homer spärlicher, in der späteren Periode häufiger sich zeige? Die Beantwortung dieser Frage ergibt sich aus der Bedeutung von ἄν. Wir haben oben gesehen, daß es auf einen bestimmten Fall hinweist und zwar auf den, der durch die Protasis mit εἰ ausgedrückt ist, es können also εἰ — ἄν als Correlativa betrachtet werden: „wenn — dann". Die correlative Satzverbindung aber ist älter als die hypotaktische. Also kann erst später eine Ellipse von ἄν häufiger werden und zwar ist sie aus rhetorischen Gründen eingetreten, und wie man von einem rhetorischen Gebrauch der tempora reden kann, der ja wie überhaupt Rhetorik dem Charakter des Homer fernliegt, so wohl auch von einem rhetorischen Gebrauch der modi.

Mustern wir nun die antiphonteischen Beispiele und sehen, ob sich nicht doch erkennen läßt, weßhalb in dem einen Fall ἄν hinzugesetzt ist, in dem andern aber fehlt, obwohl es nach dem Obigen zu erwarten wäre.

Einen potentialis der Vergangenheit mit ἄν haben wir in IV δ 1 ἄριστα μὲν οὖν αὐτὸς ἂν ὑπὲρ αὐτοῦ ἀπελογεῖτο. Wie unterscheidet sich das von II β 3 ἔκ τε γὰρ αὐτοῦ τοῦ ἔργου φανερὸς γενόμενος ἀπωλλύμην, dem auf der Stufe der Gegenwart gewiß nicht bloß der ind. praes., sondern auch der opt. mit ἄν zum Ausdruck einer unentschiedenen Möglichkeit entspricht? Meines Erachtens eben dadurch, daß es nicht subjektiv als bloße Vorstellung, sondern objektiv als faktische Annahme dargestellt ist. Daß wir in dem Beispiel einen irrealis auch dem Gedanken nach nicht haben, daß mit andern Worten an einen Gegensatz zur Wirklichkeit (der ja nur sein könnte: „Nun bin ich aber nicht zu grunde gegangen") nicht gedacht wird, geht deutlich aus dem folgenden Gegensatz der Vorstellung oder der Annahme hervor: λαθών τε σαφῶς ᾔδειν τήνδε τὴν ὑποψίαν εἰς ἐμὲ ἰοῦσαν, wo wieder in ᾔδειν und ἰοῦσαν die beiden Begriffe getrennt vorhanden sind, die wir vereinigt finden in ἀπωλλύμην. Gerade so II β 9 ἁλοὺς μὲν γὰρ τὴν γραφὴν τῆς μὲν οὐσίας ᾔδειν ἐκστησόμενος, τοῦ δὲ σώματος οὐκ ἐστερούμην (dagegen unmittelbar darauf περιγενόμενος δὲ — οὐκ ἂν εἰς τὰ ἔσχατα κακὰ ἦλθον). Ebenso ist IV β 2 ἠδίκουν μὲν οὐδ᾽ οὕτως nicht als irrealis, sondern als potentialis dem Gedanken nach zu betrachten, für welchen in rhetorisch bestimmter Weise die Form der Annahme der Wirklichkeit eintritt. Es kann ja sogar ein irrealer Fall als bloße Vorstellung des Sprechenden hingestellt werden, der von dem Verhältnis zur Wirklichkeit ganz absieht, und so kommt ein irrealis durch die Mittelstufe des potentialis, indem statt der subjektiven Fassung die objektive eintritt, zur Darstellung durch das bloße impf. ohne ἄν. Die Richtigkeit dieser Entwickelung bestätigt ein für die Stufe der Gegenwart analog gebildetes, äußerst lehrreiches Beispiel bei Thukydides III 65, wo auf einen irrealen Vordersatz der ind. praes. im Nachsatz folgt: εἰ μὲν γὰρ ἡμεῖς αὐτοὶ πρός τε τὴν πόλιν ἐλθόντες ἐμαχόμεθα καὶ τὴν γῆν ἐδῃοῦμεν, ὡς πολέμιοι, ἀδικοῦμεν, wofür wir ἠδικοῦμεν ἄν erwarten. Nun werden wir auch an III β 4 nicht mehr Anstoß nehmen: εἰ μὲν γὰρ τὸ ἀκόντιον ἔξω τῶν ὅρων τῆς ἑαυτοῦ πορείας — ἔτρωσεν αὐτόν, οὐδεὶς ἡμῖν λόγος ὑπελείπετο μὴ φονεῦσιν εἶναι, wo Blaß ebenfalls ἄν nach οὐδεὶς einsetzt. Daß auch Antiphon die Nichtwirklichkeit in der Gegenwart ähnlich wie Thukydides als Annahme darstellen kann, lehrt III β 5 ὁ δὲ παῖς εἴπερ ἑστὼς φανερὸς ὑμῖν ἐστι μὴ βληθείς. „Wenn er offenbar als ein Stehender nicht getroffen wurde". (Man unterscheide dies wohl von μὴ ἑστὼς — βληθείς.) Der Knabe wurde aber thatsächlich getroffen. So wird in III β 4 gar nicht daran gedacht, daß Voraussetzung und Folge nicht wirklich ist, oder es wird wenigstens so dargestellt, als denke man nicht daran. Vgl. VI 26 ἐξῆν αὐτοῖς πυνθάνεσθαι καὶ πρόφασις οὐδεμία ὑπελείπετο. Doch tritt dies als direkte Behauptung auf.

Zur Erklärung einzelner Fälle jedoch haben wir den antiphonteischen Sprachgebrauch noch nach einer anderen Seite hin zu betrachten. Wenn nämlich in einem irrealen Conditionalsatz die Nichtwirklichkeit eines negierten Falles die Consequenz ist aus einem positiven nicht wirklichen Fall, so ist das Gegenteil der protasis und der apodosis wirklich und es kann das Ganze auch so dargestellt werden, daß es aus der conditionalen Fassung heraustritt und nur die Beziehung der Negation vertauscht wird. Diese Fassung zieht Antiphon manchmal der hypothetischen vor. So sagt er III δ 4 οὐ γὰρ ἀτρεμίζων ἀπέθανεν, wo er hätte sagen können und genau

enommen auch hätte sagen sollen οὐ γὰρ ἂν ἀπέθανεν ἀτρεμίζων. IV β 6 ὃ γὰρ εὖ φρονῶν ἔτυπτέ με. Vergleiche hiezu auch die Beispiele II α 4, wo die notwendige Beschränkung der Behauptung in ἀπρὶ τῶν νυκτῶν οὐδ᾽ ν ἐρημίᾳ liegt, und V 24, wo οὐ zu κατ᾽ ἐμαυτοῦ zu ziehen ist. In der hypothetischen Fassung dagegen lesen wir III β 5 οὐ γὰρ ἂν ἐβλήθη ἀτρεμίζων.
Mit diesen Auseinandersetzungen vgl. auch Thuk. VII 56 und die Bemerkung von Krüger zu περιεγίγνοντο daselbst: „ohne ἄν, weil der Gedanke als eine, wenn auch fingierte Thatsache vorschwebt." Js. IV. 11 οὕτω γὰρ οὐδ᾽ οἱ νόμοι κατεφρονοῦντο, wozu Frohberger: „Hier wird der durch ἐχρῆν als faktisch geheischte Zustand mit οὕτω als faktisch gesetzt und ist demnach die hypothetische Fassung entbehrlich (so selbst ohne das vermittelnde οὕτως Plat. symp. 190 C", wozu Stallbaum zu vergleichen). Zu Lys. I 38 und 46 vgl. Brehmi, zu I 45 ferner noch Frohberger S. 611. Ich füge hinzu And. I 114, Lys. XII 27, 52, Aesch. II 151, Dem. XIX 33. Wie das impf. von dem irrealis der Vergangenheit übergeht zum irrealis der Gegenwart, hat Gerth an Beispielen gezeigt. Aus Antiphon könnte man hierher ziehen IV δ 2 αὐτὴ γὰρ ἡ ἡλικία τῶν νέων κατέκρινε, in welchem Beispiel ἄν, wie auch Mätzner will, aus dem vorhergehenden ergänzt werden kann. Was sonst die Weglassung des ἄν betrifft, so bin ich zu einer bestimmten Ansicht nicht gelangt; allerdings muß man ja die Möglichkeit der Ellipse von ἄν auch in andern Fällen zugeben, sobald man einmal zur Ansicht gelangt ist, daß ἄν nur ein Moduskoeffizient ist. Beim aor. bemerkt man eine Ellipse von ἄν sehr selten. III δ 4 kommt selbstverständlich in Wegfall, da es überhaupt keine hypothetische Fassung hat. In II γ 7 οὐδεὶς γὰρ ἐπεβούλευσεν αὐτῷ haben wir eine kritisch unsichere Stelle. Ich möchte sie ebenfalls nicht konditional fassen, sondern als Behauptung und mit Ergänzung von ἄλλος zu οὐδείς übersetzen: „Denn kein anderer stellte ihm nach." So auch Mätzner: nemo enim alius interemti vitae insidiatus est. Vgl. meinen Vorschlag zu II α 4 im Anhang. Dann bleibt nur noch übrig V 45 ἃ οὐδὲ μεθ᾽ ἡμέραν τις οἷός τε ἐγένετο, wo Blaß ἄν nach ἡμέραν eingesetzt hat. Es hat dies allerdings viel für sich, da ein Ausfall von ἄν gerade nach ἡμέραν sehr leicht anzunehmen ist, umsomehr, als es VI 42 heißt: οὔτ᾽ εἰσάγειν δήπου οἷός τ᾽ ἂν ἦν. Aehnliche Fälle, in welchen wir von dem Lautbestande eines Wortes auf die fehlerhafte, dem Abschreiber aufzubürdende Auslassung eines vorhergehenden oder nachfolgenden ἄν schließen möchten, haben wir And. II 19 αἰτίαν (ἂν) ἔχοιτε, wo ἂν schon von Dobree, Baiter und Sauppe eingefügt wurde. Doch bemerken wir auch bei Antiphon nicht selten den bloßen opt., wo wir den opt. mit ἄν erwarten. A I 25 καὶ γὰρ δικαιότερον καὶ ὁσιώτερον — γίγνοιτο (ἂν) ὑμῖν, II β 4 τούτων ὑπόπτων ὄντων ἐγὼ δικαίως (ἂν) καθαρὸς δοκοίην εἶναι, IV δ 3 ἀνόσια γὰρ (ἂν) ὅγε διωκόμενος πάθοι, V 64 ἐκείνου γὰρ (ἂν) ἄριστα πύθοιντο. Aehnlich wie And. II 19 könnte erklärt werden A. VI 6: οὐκ ἔστιν ὅποι (ἂν) ἀνενεγκών τις τὴν αἰτίαν ἀπολύσαιτο. Doch haben hier die Handschriften mit Ausnahme von N.: ἂν ἐνεγκών. Ferner And. II 21 ἐδεξάμην δ᾽ (ἂν) ἄν τι πάντων χρημάτων.
Zu den Beispielen der Auslassung von ἄν beim opt. füge ich noch And. III 1 τοῖς δ᾽ ἔργοις, ἀφ᾽ ὧν ἡ εἰρήνη γένοιτο (ἂν), ἐναντιοῦνται. Ferner ist zu vergleichen: Mätzner S. 144 f. zu or. I § 25: „qui modus (sc. optativus) sine ἄν particula etiam post protasin, cui conditionis notio

inest, illatus a Graeco sermone non est alienus". Nach meiner Ansicht entspricht diese Ellipse von ἄν gerade dem sophistisch-zweideutigen Charakter des antiphonteischen Ausdrucks.

Vollständig berechtigt natürlich und aus Krüger, Grammatik § 54, 15, zu erklären ist der bloße opt. bei Thuk. VIII 68 ἅ — γνοίη, wo Classen selbst gegen die Autorität der Handschriften, die meist ἃ ἂν γνοίη bieten, den bloßen opt. dem Sprachgebrauch des Thukydides entsprechend setzt. Vgl. zu 1 138. Ebenso bekannt ist die Ellipse von ἄν bei den irrealen Conditionalsätzen, in welchen die apodosis eine unausbleibliche Folge bezeichnet.

Was den sonstigen Gebrauch der modi bei Antiphon betrifft, so ist nur noch zu erwähnen das auffallende: ἐγὼ μὲν οὖν πῶς ἂν ἐπιβουλεύσαιμι in IV β 5, was Blaß geändert hat in ἐπεβούλευσά τι. Vergleiche darüber die Auseinandersetzung bei Gerth S. 11.

Ich schließe hier an die Behandlung des infinitivus. Beobachtungen über den inf. mit Artikel, welcher bei Antiphon noch bei weitem nicht so häufig gebraucht wird, wie später, sowie besonders über den inf. nach den Verben des Verbietens, Hinderns ꝛc. und die Vergleichung von Ant. III β 4 οὐδεὶς ἡμῖν λόγος ὑπελείπετο μὴ φονεῦσιν εἶναι mit Ant. III 26 οὐδὲ λόγος ὑπολείπεται μὴ οὐκ ἀδικεῖν und Dem. XXIV 69 τοῖς δὲ οὐδὲ λόγος λείπεται τὸ μὴ οὐ πονηροῖς εἶναι haben mich auf den Gedanken gebracht, die Entwickelung des substantivierten inf. und zwar besonders nach den Verben des Hinderns, Verbietens ꝛc. genauer zu untersuchen, um zu erkennen, ob nicht in der großen Masse der Variationen des Ausdrucks besonders bei den genannten Verbis ein erkennbares Gesetz vorhanden wäre und ob der an den zitierten Stellen sich zeigende Unterschied nicht wenigstens aus der historischen Entwickelung des Gebrauchs sich begreifen ließe. Zu einer endgültigen Erklärung des Unterschieds gerade der obigen Stellen bin ich dabei nun freilich nicht gekommen, ich glaube aber, mit Grund annehmen zu können, daß ich bei dem Forschen nach Erklärung zu einem Resultat gekommen bin, welches geeignet ist, der empirischen Darstellung der Grammatiken eine historische Grundlage zu geben und Einblick in einen, wie ich glaube, noch nicht gehörig beachteten Sprachprozeß zu gestatten. Damit möge es auch entschuldigt werden, wenn ich etwas weiter aushole, als man nach dem Titel der ganzen Abhandlung vermuten sollte. Es lagen mir für diesen Teil meiner Arbeit vor das Programm von Stix „Zum Gebrauch des infinitivus mit Artikel bei Demosthenes", Rottweil 1881 und eine die ganze attische Prosa umfassende Arbeit über denselben inf. von Prof. Weiske in Halle, veröffentlicht in den „Neuen Jahrb. f. Ph. und P." 1883.

Als ursprünglichste Funktion des bloßen infinitivus müssen wir wohl bezeichnen die, einen Zweck oder eine Absicht auszudrücken. So erscheint der inf. zugesetzt gewöhnlich bei Verbis, aber auch bei Substantivis. — Ueber den inf. des Zwecks und der Absicht bei Verbis sind Beispiele wohl überflüssig, bei Substantivis Herodot II 93 οἶστρος κυΐσκεσθαι, VI 107 σπουδὴ ἐξευρεῖν und mit abgeschwächter Zweckbedeutung IV 30 ὥρη κυΐσκεσθαι. Aus diesem Gebrauch des inf. erklärt sich seine Verwendung für den imperativ, die bei Herodot ziemlich häufig ist; natürlich kann er keine bestimmte Person bezeichnen, daher Her. IV 126 σὺ — μάχεσθαι, V 23 (nach vorhergegangenem παῦσον) ποιεῖν, VII 209 (nach dem vorhergegangenen vocativ ὦ βασιλεῦ) χρᾶσθαι, ebenso in dem bekannten Epigramm VII 228 ξεῖν', ἀγγέλλειν ꝛc. Gewissermaßen einen abhängigen imperativ haben wir in I 114 εἵλοντο ἑαυτῶν βασιλέα εἶναι, vgl. 131, 153, V 25, 88, 7, 99. Auch der inf. nach νόμος, wie bei Antiphon VI 9, kann wohl hierher gezogen werden und ebenso ist ein auffälliger inf. aus Lysias XXIX 5) wohl auch als ein imperativischer zu erklären: δεδόχθαι— ἢ—συγγνώμην ἔχειν.

Der sogenannte inf. indignantis ist ohne Zweifel hieraus entstanden, vgl. Her. V 106 βασιλεῦ, κοῖον ἐφθέγξαο ἔπος; ἐμὲ βουλεῦσαι πρῆγμα ꝛc. Von den Rednern steht mir im Augenblick kein anderes Beispiel zu Gebot als Dem. LVIII 56 und nach meiner Herstellung der Lesart XXI 209 τῷδε βάσανον, ᾧδε ὄλεθρον, τοῦτον δὲ ὑβρίζειν, ἀναπνεῖν δέ; daß auch Adjektiva den inf. zur Bezeichnung des Zwecks bei sich haben können, ist bekannt. Nahe verwandt dieser Verwendung ist auch die zum Ausdruck der Folge, sowohl bei Verbis als bei Adjektivis.

Ich würde diese bekannten Sachen, die in jeder Grammatik zu lesen sind, nicht wiederholen, wenn es mir nicht darauf ankäme, auf den Umschwung, welchen die veränderte Auffassung der Sprache besonders nach dem Aufkommen des substantivierten infinitiv hervorgerufen hat, hinzudeuten. Von dem inf. des Zweckes und der Folge nämlich ist nur ein Schritt zu dem sogenannten inf. epexegeticus, der schon bei Homer häufig in ganz loser Weise zur Erklärung beigefügt wird, der aber auch später und auch bei den Rednern noch in auffälliger Weise gefunden wird. Von unseren Rednern zählt Hoppe S. 47 diese infinitivi liberius adjecti auf: V 17 ὠφελεῖσθαι (128 καὶ ὡς εἰδέναι, V 63 ὡς—ποιῆσαι) V 32 λέγειν - καταψεύδεσθαι, 47 ζημιῶσαι, 77 οἰκεῖν, 93 συναγωνίζεσθαι. Ich füge hinzu III δ 2 ἄδικα εἶναι, womit zu vergleichen besonders der herodoteische Gebrauch IV 150 βαρὺς αἴρεσθαι, IX 1 χῶρος ἐπιτήδειος-ἐνστρατοπεδεύεσθαι, vgl. IX 25. Von diesem inf. nun geht, wie man bei Jolly, Geschichte des inf. im Indogermanischen S. 222 des genaueren nachlesen kann, die Substantivierung des inf. aus.

Nun hat sich aber die Substantivierung nicht auf einmal vollzogen, sondern ganz allmählich. Wenn Wilhelm in seiner Schrift de infinitivi forma et usu S. 88 mit Recht behauptet: Graeci certe ex Pindari poetae celeberrimi tempore infinitivo articulum adjunxerunt, so ist es leicht erklärlich, daß der Gebrauch des subst. inf. bei Herodot sowie bei Antiphon noch kein ausgedehnter ist. Wie er in der attischen Prosa sich weiter ausbreitet, bis er die weiteste Entfaltung bei den Philosophen erhält, möge man bei Weiske a. a. O. nachsehen. Doch findet man mit Ausnahme des bloßen dativus, den ich mich nicht erinnern kann gefunden zu haben, schon bei Herodot alle Casus, aber eben nur in seltenen Fällen, dagegen häufig da, wo wir den inf. mit Artikel erwarten, den bloßen inf. So haben wir III 12 zwar τοῦ μὴ φαλακροῦσθαι αἴτιον, aber gleich darauf αἴτιον ἰσχυρὸς φορέειν τὰς κεφαλάς. Trotzdem müssen wir uns denken, daß auch der zweite inf. als gen. gefühlt wird. Auch Präpositionen mit dem subst. oder besser gesagt mit dem mit Artikel versehenen inf. gibt es verhältnismäßig wenige. Es findet sich ἀντὶ τοῦ, περὶ τοῦ, ἐν τῷ, ἐς τό, μετὰ τό. Auch der substantivierte acc. c. inf. kommt vor (I 137). Es thut mir leid, daß mir die Abhandlung von Heilmann de infinitivi syntaxi Herodotea nicht zur Hand war, woraus ich vielleicht genauere Belehrung hätte ziehen können.

Bei Anthiphon nun erstreckt sich die Substantivierung auf alle Casus, von Präpositionen werden gebraucht: διὰ τό, πρὸς τό, ἐν τῷ, ἐπὶ τῷ. Es ist aber nicht bloß der inf., sondern auch der acc. c. inf. substantiviert. Ebenso aber wie bei Herodot wird sehr häufig der Artikel beim inf. vermißt, wo wir ihn nach späterem Sprachgebrauch erwarten. So heißt es zwar III γ 10 οὐδὲ τοῦ ἀκουσίως ἀποκτεῖναι ἀπολύεται, aber III β 9 ἀπολύεται ἀποκτείνειν; so kann als nominativus aufgefaßt worden sein III α 1 προστέτακται διαγνῶναι, als genetivus II δ 1 ἀποστερούμενος ἀνακλαύσασθαι, III β 11 ἄξιον παθεῖν. IV β 3 εἴργων ἀποκτεῖναι, V 23 αἴτιος πεμφθῆναι, VI 15 αἰτία ἀποθανεῖν, VI 12 ἀσχολία παρεῖναι, VI 35 ἐλπὶς ἀποφεύξεσθαι. Hierher könnte man auch ziehen V 32 ἀπετρέπετο μηδὲν καταψεύδεσθαι, doch wird über diese Stelle noch einiges weiter unten zu erörtern sein. Als accusativus könnte wohl auch aufgefaßt werden III γ 5 κατηγορῶν ἀποκτεῖναι. Darnach ist die Behauptung Krügers § 55, 3: „Das Verhältnis des inf. ohne Artikel ist das eines nom. oder acc." zu beschränken. (Vgl. auch denselben Paragr. im dialektischen Teil.) Wie ich zu meiner Freude ersehe, bestreitet auch E. Herzog in den neuen Jahrb. 1873 S. 16 diese Behauptung. Schneider zu Jsocr. VII 20, Blaß indices S. 203, Wilhelm p. 66 ff.

Doch wird man in allen diesen Fällen, so lange der Artikel nicht ausdrücklich beigesetzt ist, nicht zu einer Klarheit darüber gelangen, ob man sich den inf. als Satzglied im nom., gen., dat. oder acc. zu denken hat oder ob der inf. in loserer Weise angeknüpft ist; je weiter aber die Entwickelung der Sprache vorschreitet, desto fester wird der inf. in das Gefüge des Satzes gezogen. Für Herodot werde ich noch später Beispiele bringen, welche zeigen, daß der bloße inf. das einemal als Objekt gefühlt wird, das anderemal nicht. Später werden die Fälle, in welchen die Auffassung schwankend sein kann, immer seltener, obwohl sich zum Beispiel bei Demosthenes αἴτιος einmal findet mit bloßem inf., das anderemal αἴτιος τοῦ cum inf., auch τό cum inf. (vgl. VIII 56, IX 63). Man hatte aber auch ein Mittel, den inf. als einen nicht substantiviert zu denkenden ausdrücklich zu bezeichnen. Es geschicht dies durch ὥστε. Diese Partikel ist also eine Stütze und ein Koeffizient für den inf. älteren Gebrauchs. Daher treffen wir sie oft bei Herodot und auch bei unserem Redner, während sie natürlich später, wie die Substantivierung des inf. weiter vor sich geht und damit dem bloßen inf. nur die ältere Funktion bleibt, mehr verschwindet. Von Herodot führe ich an II 10 ὥστε—συμβαλεῖν (wie auch wir sagen: „um zu vergleichen"), III 15 ἀπέλαβε ἂν Αἴγυπτον ὥστε ἐπιτροπεύειν αὐτῆς 2c. So auch häufig συνήνεικεν ὥστε cum inf. Der konsekutive Gebrauch von ὥστε cum inf. hat sich auch später erhalten. Dagegen fehlt ὥστε, wo man es erwartet, Her. I 176 ὑπῆγαν καλέεσθαι.

Bei Antiphon treffen wir das den inf. verstärkende ὥστε V 66 προσήκει μοι μηδὲν ὥστ' ἀποκτεῖναι αὐτόν Herod. V 92. Hier wäre es nicht unmöglich den inf. als Subj. zu fassen. Ebenso könnte man V 95 πείσωσιν ὥστε ἀποκτεῖναι den inf. ohne ὥστε als Obj. auffassen. Diese Construktion von πείθειν kommt außerdem nicht nur bei Herodot vor (VI 5), sondern ist auch bei Thukydides sehr beliebt, vgl. Mätzner zu unserer Stelle und Matthiä § 531. Dagegen treffen wir in der VI. Rede πείθειν ohne [gendes ὥστε mit bloßem inf. (14 und 23) ohne wahrnehmbaren Unterschied der Bedeutung. Aehnlich ist auch V 17 οὕτως οὗτοι διεπράξαντο ὥστε τοῦτο μὴ ἐγγενέσθαι μοι ποιῆσαι, nur daß in dieser Stelle ὥστε sich auf ein vorausgehendes οὕτως bezieht. Dagegen wird ὥστε wieder vermißt V 17 ἐμοὶ μόνῳ ἐπέλιπε μὴ ὠφελεῖσθαι τοῦδε τοῦ νόμου. Von Thukydides vgl. VIII 84, 86, von Lysias XVIII 22, dagegen XXXI 10. In demselben Sinn wie ὥστε bei Herodot II 10 steht auch ὡς IV 99 und ebenso Ant. V 63 οὐ σφόδρα ἐχρώμην ἐγὼ Λυκίνῳ φίλῳ ὡς πάντα ποιῆσαι ἂν τὰ ἐκείνῳ δοκοῦντα, vgl. Jolly l. c.

Einen weiteren Beleg für die ursprüngliche Bedeutung des inf. bietet auch der negierte inf. nach den Verbis des Verbietens, Hinderns ꝛc.

Es ist bekannt, daß nach diesen Verbis, welche, wie Krüger sagt, eine Verneinung enthalten, dem inf. gewöhnlich μή beigesetzt wird; allerdings möchte ich schon hier beifügen, nicht allen in gleicher Weise, wie z. B. nach κωλύω gewöhnlich der bloße inf. steht. Auch der Grund dieser Erscheinung ist leicht ersichtlich und von Curtius § 617 in der deutschen Uebersetzung der betr. Beispiele dargestellt: ἠρνοῦντο μὴ πεπτωκέναι sie leugneten: „sie wären nicht gefallen". Es ist also μὴ πεπτ. wie der ursprüngliche inf. lediglich erklärender Zusatz, hier speziell Inhaltsangabe von ἠρνοῦντο und noch nicht so eng zu dem übergeordneten Verbum gezogen, daß man es wie im Deutschen als grammatikalisches Objekt betrachten könnte. Man würde ja den Griechen einen Verstoß gegen die Logik imputieren, wenn man das so auffassen wollte. Nicht aus einer Art von unlogischem Pleonasmus ist also diese Negation zu erklären, was eben keine Erklärung sein würde, sondern aus der Unvollkommenheit und Unfertigkeit der ursprünglichen Gedankenverbindung. Wir werden gerade bei unserem Redner noch Beispiele dafür bekommen, wie ein neuer Gedanke ohne formell strenge Abhängigkeit vom vorhergehenden nur einfach exegetisch angegliedert wird. Und den inf. können wir ja neben dem participium als den frühesten Versuch betrachten, einen Gedanken mit einem andern in einem Satz zu verbinden. Wohl noch deutlicher als an obigem Beispiel wird die Entstehung des Ausdrucks nach einem Verbum des Verbietens, wie bei Herodot I 183 ἀπαγορεύοντα μὴ κινέειν τὸν ἀνδριάντα. Es steht hier der inf. im Sinne eines imper. und es ist also μὴ κ. als die befehlende oder vielmehr verbietende Aussage von ἀπαγορεύοντα zu betrachten. Die Verba ἀπαγορεύειν, ἀπειπεῖν, ἀποδοκεῖν, die ein Verbot ausdrücken, sind wohl auch unter allen Verbis derselben Kategorie, welche den negierten inf. nach sich haben, die häufigsten, vgl. III 128, IV 125, VII 149, VIII 116, III 153, VI 61, VIII 111. Auch bei den Verbis ἴσχειν und ἔργειν nebst Compositis kann der folgende inf. als Verbot betrachtet, also die Negation μή zugesetzt werden; es kann aber gerade so gut der inf. auch als von ἴσχειν und ἔργειν abhängiges Satzglied im gen. gefaßt werden nach der Construktion ἴσχειν oder ἔργειν τινὰ τινος; was ist die Folge? μή bleibt weg. Man sieht, wohin ich ziele. Sobald der Artikel in dem vom Verb geforderten Casus zum inf. tritt, ist schon durch die äußere Form verdeutlicht, daß derselbe nicht mehr in der älteren Bedeutung genommen, sondern als Satzglied betrachtet wird; also muß nach den oben angegebenen Verbis, sobald der Artikel zum inf. tritt, die Negation wegfallen. Wie Her. I 205 ἀπεῖπαι τὴν πρόσοδον, mußte auch gebildet werden ἀπεῖπατο τὸ προσιέναι. Die

Begründung weniger Ausnahmen siehe unten. Wenn i
tung in Widerspruch trete mit Krüger § 67, 12, 4, b
„So findet sich μή auch in Verbindung mit ὥστε wie
oder τοῦ", so liegt es mir ob, das von mir Aufgestell
Regelmäßige in der Sprache nachzuweisen oder zu sehen
von Krüger gebrachten Beispiele einen anderweitigen E
Diesen Nachweis muß ich natürlich auf die von mir i
Schriftsteller beschränken, allein es läßt sich doch nicht o
ein Sprachgesetz innerhalb eines solchen Kreises vo
nachweisbar vorhanden gewesen ist, dasselbe nicht auc
Sprache Geltung haben sollte. Freilich muß dabei
des einen Schriftstellers vom andern gebührend berü
läßt sich nicht leugnen, daß in Folge verschiedener U
klarzulegen mich bemühen werde, eine teilweise V
mischung des früher Geschiedenen im Laufe der Zeit

Das läßt sich besonders an der Hand der von D
Zusammenstellungen leicht nachweisen. Für Herodot
Sache nicht so einfach; erstens treffen wir in Folge der
in Aufnahme gekommenen Verwendung des Artikels
auch nach den Verbis des Verbietens, Hinderns ꝛc. fa
man ihn findet I 86, scheint er gegen unsere Beha
(Von dieser Stelle wird noch später die Rede sein.)
die verschiedene Construktion derselben Verba und Aus
einemal mit, das anderemal ohne μή, für einen ande
in dem zweiten Fall der inf. als grammatikalisches
im ersten Fall aber nicht? Es kommt dabei allerdi
Auffassung verschiedener Schriftsteller in Betracht. M
  IX 12 σχήσειν τὸν Σπαρτιήτην μὴ ἐξιέναι (I 1
ἴσχει ἀποκτεῖναι; V 92 φυλάσσοντες — μὴ γενέσθαι
φυλάσσονται — μηδαμοὺς ἐσδέξασθαι (IX 78) und Ant. II
φυλάσσηται — στρατεύεσθαι (Dem. LIV 6, IX 13), III 99 ἀπ
dagegen VI 13 ἀρνεομένους εἶναι χρηστούς (wofür St
οὐ βουλομένους. Die Lesart ἀρν. stützt sich auf codex
  Bei φεύγειν als einem transitiven Verb steht
lich der bloße inf. als acc. des Obj. II 91 φεύγουσι χρᾶ
der Uebergang zu der bei andern Schriftstellern belieb
inf. mit μή schon an den folgenden Worten: μηδ᾽ ἄλλ
ἀνθρώπων νομαίοισι, ebenso wie IV 76: χρᾶσθαι φ
ἄλλων, Ἑλληνικοῖσι δὲ καὶ ἥκιστα (Lesart nach Stein),
„μήτε, wegen der in φεύγουσι enthaltenen Negation."
  ἀπολύειν Her. II 174 mit μή (ἀπέλυσαν μὴ φῶς
I 95 ἀπολύεται μὴ ἀδικεῖν, dagegen Ant. III β 9 ἀ
ohne μή.
  κωλύειν wird in der Regel bei den Attikern mi
verbunden, so auch bei Herodot VI 149, da es wohl sc
transitive Bedeutung hatte und der inf. also schon von
eines näheren Objektes hinzutreten konnte; wird es
anderer Verba wie εἴργειν konstruiert oder ist ein and
schon vorhanden, dann ist die Möglichkeit gegeben, μ

er. VIII 144 τὰ διακωλύοντα ταῦτα μὴ ποιεῖν (weil eben Objekt schon ταῦτα ist). Unser Redner bestätigt unsere Anschauung V 82: διακωλύοντες τὰ ἱερὰ μὴ γίγνεσθαι; nach Analogie von εἴργω konstruiert, aber mit Weglassung der Negation, eben weil der inf. substantiviert aufzufassen ist, III γ 6: τοῦ σκοποῦ τυχεῖν ἐκωλύθη (vgl. III β 4), Dem. prooem. 32 (p. 1441) τὰ ὧν λόγων ἀστεῖα τοῦ τὰ μέγιστα αἰσθάνεσθαι κεκώλυκεν αὐτούς.

Andere Ausdrücke, nach welchen bei Herodot μή mit inf. steht, sind: ποτρέπειν (μὴ πορεύεσθαι I 105, vgl. Ant. V 32 ἀπετρέπετο μηδὲν κατ' αὐτοῦ καταψεύδεσθαι), ῥύεσθαι (τοῦτό σε ῥύσεταί μηδένα ἄξιον μισθὸν λαβεῖν VII 11, vgl. Eur. Herc. f. 197 τὸ σῶμα ῥύεται μὴ κατθανεῖν, dagegen Eur. Alc. 11 ὃν θανεῖν ἐρρυσάμην); speziell herodoteisch VII 12: μετὰ δὲ βουλεύεαι — μὴ ἄγειν und 13: μεταδεδογμένον μοι μὴ στρατεύεσθαι, womit zu vergleichen Thuk. I 44 μετέγνωσαν Κερκυραίοις ξυμμαχίαν μὲν μὴ ποιήσασθαι; hierher ist auch zu rechnen Her. VIII 29 γνωσιμαχέετε μὴ εἶναι ὁμοῖοι ἡμῖν. Zu der Bedeutung von γνωσιμαχεῖν vgl. Stein zu III 25.

Andere Verba haben erst später in analoger Weise die Construktion mit μή angenommen, so besonders manche Composita mit ἀπό: ἀποκρύπτεσθαι (Thuk. II 53), ἀπογιγνώσκω (Lys. I 34, Dem. XV 9), ἀπέχεσθαι, ἀπεύχεσθαι, ἀπαλλάττεσθαι ꝛc., vgl. Krüger Gr. § 67, 12, 3; ebenso παύειν, λήγειν, ἐμποδών nach Matthiä § 534, Anm. 5, 4 (p. 1243). Dagegen vermißt man μή bei Herodot nach den Verbis ἀποσπεύδω, ἀποστυγέω, παύω VI 109, 129, VII 54. Vgl. auch die reiche Beispielsammlung bei Kühner § 516, 2 u. 3.

Diese Verba und Ausdrücke sind es also, nach welchen der inf., sobald er durch den Artikel als grammatikalisches Objekt in die strenge Construktion des Satzes gezogen wird, μή verliert. Nur für den gen. mit τοῦ nach Substantivis und für den acc. mit τό ergeben sich Ausnahmen, die sich besonders aus Thukydides leicht erklären. In Folge einer mir privatim zu Gebote gestellten Zusammenstellung der substantivierten Infinitive bei Thukydides von Professor Dr. Weiske in Halle war ich in der Lage, den Sprachgebrauch dieses Schriftstellers in genannter Beziehung genauer zu untersuchen. *)

Doch können wir auch hier von Herodot ausgehen. Nehmen wir als Beispiel V 101: τὸ δὲ μὴ λεηλατῆσαι ἐλόντας σφέας τὴν πόλιν ἔσχε τόδε. Es scheint das auf den ersten Blick unserer Aufstellung zu widersprechen, bei genauerer Prüfung aber wird man finden, daß der substantivierte inf. gar nicht direkt abhängig ist von ἔσχε, es müßte ja sonst heißen: τοῦ — λεηλατῆσαι. Wir haben es hier vielmehr mit einem acc. freierer Fügung zu thun, den wir als absoluten acc. bezeichnen können; dieser von Thukydides besonders gern gebrauchte und an die Spitze des Satzes gestellte acc. fügt sich eben nicht streng in die Construktion des Satzes ein. Wir haben zu übersetzen: „Was das betrifft, daß". Es ist klar, daß in diesem Fall μή wieder eintritt. Vgl. Classen zu Thukydides I 32 5 und II 53 3 (τὸ μὲν προταλαιπωρεῖν τῷ δόξαντι καλῷ οὐδεὶς πρόθυμος ἦν „—τὸ μὲν προτ. steht zwar in abhängiger Beziehung zu πρόθυμος ἦν, nimmt aber zugleich durch seine Voranstellung die — Geltung eines absoluten acc. ein"). Her. VII 137: τὸ δὲ συμπεσεῖν.

---

*) Hiebei nehme ich Gelegenheit, Herrn Prof. Dr. Weiske für die mir geleistete Unterstützung meinen verbindlichsten Dank auszusprechen.

Von diesem acc. unterscheide ich noch einen zweiten acc. des inf. freierer Fügung, bei welchem das Eintreten der Negation nach einem Verbum des Hinderns ꝛc. trotz des Artikels möglich ist, und welcher besonders bei Thukydides beliebt ist, nach der Bezeichnung von Classen: inf. der Wirkung. Vgl. Classen zu Thuk. II 87 1. „Diese (die angeführten) Beispiele, wenn auch nicht gleicher Art, haben das mit einander gemein, daß durch den Artikel der inf. an das regierende Verbum in verschiedener Weise als Folge angeknüpft wird." Doch kommt auch dieser inf. schon bei Herodot vor und zwar sowohl mit als ohne Artikel. Es wird allerdings dieser inf. ohne Artikel nur schwer oder gar nicht von dem gewöhnlichen inf. zu unterscheiden sein. Ich vergleiche Her. IV 68: καταδήσωσιν ἐπιορκῆσαι. V 33: ἀπέστειλε πείθεσθαι. Hieraus ist zu erklären: Her. II 7 σμικρόν τι τὸ διάφορον εὕροι τις ἂν λογιζόμενος τῶν ὁδῶν τουτέων τὸ μὴ ἴσας μῆκος εἶναι, wie gleich darauf: καταδεῖ πεντεκαίδεκα σταδίων ὡς μὴ εἶναι πεντακοσίων καὶ χιλίων und ebenso Thuk. VII 1: καὶ τοσαύτη οὖσα ἐν εἴκοσι σταδίων μάλιστα μέτρῳ τῆς θαλάσσης διείργεται τὸ μὴ ἤπειρος εἶναι (wie nach Bekker von den neueren Herausgebern, auch von Classen, aufgenommen worden ist an Stelle des handschriftlichen τ. μ. ἤ. οὖσα).

Diese beiden Arten des inf. im acc. ermöglichen also ein Eindringen des μή. (Es ist also in jedem Fall zu entscheiden, ob der mit τό substantivierte inf. als direktes grammatikalisches Objekt zu betrachten ist oder nicht.) Daß daraus hauptsächlich in einer späteren Sprachperiode eine Verdunkelung des Sprachbewußtseins und in Folge dessen eine Verwirrung im Gebrauch des substantivierten inf. sich bilden konnte, ist leicht zu begreifen. Freilich haben dazu auch noch andere Umstände beigetragen.

Eine zweite Ausnahme möchte ich statuieren für die Fälle, in welchen τοῦ μή cum. inf. von einem Subst. abhängt, während man τοῦ cum. inf. erwartet. Ich will diese Fälle, die sich ebenfalls meist bei Thuk. finden, im Zusammenhang mit den übrigen thukydideischen Stellen, welche gegen unsere Aufstellung zu sprechen scheinen, behandeln.

Wir lesen Thuk. I 76: τῷ δικαίῳ λόγῳ—, ὃν οὐδείς πω παρατυχὸν ἰσχύϊ τι κτήσασθαι προθεὶς τοῦ μὴ πλέον ἔχειν ἀπετράπετο. Auch Krüger bringt § 67, 12, 4 dieses Beispiel, schließt es aber vorsichtiger Weise in Klammern ein. Wir haben es hier eben mit einer confusio structurarum zu thun, die entstanden ist aus προθεὶς τοῦ πλέον ἔχειν μὴ πλέον ἔχειν ἀπετράπετο. Daß diese Erklärung die allein richtige ist, will ich nicht behaupten, aber zulässig ist sie gewiß.

In III 11 ὁ γὰρ παραβαίνειν τι βουλόμενος τῷ μὴ προέχων (Classen) ἂν ἐπελθεῖν ἀποτρέπεται haben wir einen ähnlichen Fall; wir haben hier τοῦ ἐπελθεῖν vor ἀποτρέπεται zu ergänzen. Classen erklärt: „Er läßt sich nur dadurch abhalten (nämlich vom Angriff), daß er nicht mit überwiegender Stärke, also nicht mit Aussicht auf Erfolg, den Angriff versuchen, d. h. durch die Voraussicht, daß er bei dem Versuch nicht siegen werde."

II 93 φρούριον ἐπ' αὐτοῦ ἦν καὶ νεῶν τριῶν φυλακὴ τοῦ μὴ ἐσπλεῖν Μεγαρεῦσι μηδ' ἐκπλεῖν μηδέν könnte man vergleichen mit I 57 φυλακὴν εἶχεν ὅπως μὴ ἀποστήσονται und besonders mit II 69 φυλακὴν εἶχε μήτ' ἐσπλεῖν; doch begründet Classen selbst den gen. τοῦ μή ꝛc. an unserer Stelle durch den Hinweis auf I 4 und erklärt ihn als gen. des Zweckes, der, besonders negiert, bei Thukydides häufig ist.

In einigen anderen Fällen, in welchen τοῦ μή ꝛc. von einem Substantivum negativen Inhalts abhängig ist, erklärt sich das allerdings anders. Denn wir II 49 finden: ἡ ἀπορία τοῦ μὴ ἡσυχάζειν, so müssen wir das als gen. appositivus oder epexegeticus betrachten und mit Krüger übersetzen: „Die Not der Ruhelosigkeit"; ebenso zu erklären ist III 75: τῇ τοῦ ἡ ξυμπλεῖν ἀπιστίᾳ, Dem. XXIV 9 οὐδεμιᾶς ἀποστροφῆς τοῦ μὴ τὰ χρήματ' ἔχειν ὑμᾶς, Thuk. VIII 108. Dagegen ganz unserer Ansicht entsprechend I 85: ἀπόγνοια — τοῦ ἄλλο τι ἢ κρατεῖν τῆς γῆς, während ἀπογιγνώσκω nicht selten μή cum. inf. nach sich hat.

Eine weitere hierher gehörige, aber verwickelte und verschiedene Deutung zulassende Stelle haben wir VII 53: καὶ οἱ Ἀθηναῖοι δείσαντες περὶ ταῖς ναυσὶν ἀντεμηχανήσαντό τε σβεστήρια κωλύματα καὶ παύσαντες τὴν φλόγα καὶ ὁ μὴ προσελθεῖν ἐγγὺς τὴν ὁλκάδα τοῦ κινδύνου ἀπηλλάγησαν. Auch diese Worte hat Krüger in seiner Grammatik § 67, 12, 4 eingeklammert, wohl um Zeichen, daß sie nicht absolut als beweiskräftig für den Satz: „So findet sich auch μή in Verbindung mit — τό oder τοῦ" anzusehen sind. Leider sind die Herausgeber über unsere Stelle kurz weggegangen. Krüger bemerkt blos: „μή, weil παύσαντες ein Verhindern bezeichnet", und Classen: „Das allgemeine κωλύματα erhält durch das ungewöhnliche σβεστήρια seine Bestimmung für den vorliegenden Fall. Die Wirkung des letzteren tritt in παύσαντες τὴν φλόγα, des ersteren (κωλύματα) in τὸ μὴ προσελθεῖν hervor." Es faßt also jeder der beiden Herausgeber τὸ μὴ προσελθεῖν ἐγγύς als Objekt, wenn man auch aus Classen's Worten nicht klar wird, ob direkt zu παύσαντες. Außer anderem habe ich gegen diese Auffassung geltend zu machen, daß man in diesem Fall nicht sowohl τὸ μὴ προσελθεῖν ἐγγύς als vielmehr τὸ μὴ προελθεῖν erwartet. Wird man nicht richtiger τὸ μὴ προσελθεῖν als absoluten acc. fassen, deren gerade vom inf. bei Thukydides nicht wenige vorkommen? also in der Bedeutung: „Was das betrifft, daß, damit daß." Vgl. II 81 οὐκ ἐπέσχον τὸ στρατόπεδον καταλαβεῖν: „sie hielten sich nicht damit auf, ein Lager zu nehmen" (wie Classen übersetzt). Wir würden damit freilich eine Unebenheit der Struktur und eventuell auch wie bei I 76 eine Vermischung zweier Construktionen zu statuieren haben, was aber dem Stil des Thukydides keineswegs ungleich sieht.

Und wenn meine Auffassung nicht die richtige ist, was kann eine an und für sich so unklare Stelle gegen die sonstige Uebereinstimmung des Sprachgebrauchs beweisen? Denn abgesehen von der schon erwähnten Stelle bei Herodot I 86 und einer weiteren bei Isokrates XV 122, über welche ich meine Ansicht noch darlegen werde, finden wir regelmäßig τό cum inf., dem gegenüber τὸ μή cum inf. sehr selten und ich möchte sagen auf den ersten Blick als inf. der Wirkung zu erklären ist, den wir oben besprochen haben. Vor Allem aber ist die Thatsache von Bedeutung, daß τοῦ cum inf., ebenso wie τῷ cum inf. (nach ἐμποδών) ohne μή so gut wie ausnahmslos steht bei allen Attikern bis auf Xenophon, Platon u. Aristoteles. In der Zusammenstellung von Weiske in den Neuen Jahrbüchern habe ich kein einziges Beispiel gefunden, das dagegen spräche.

Hier gebe ich eine Beispiel-Sammlung aus Weiske und meinen eigenen Heften:

Aesch. I 183 εἰργόμενον — τοῦ ἀνάπηρον ποιῆσαι,
Dem. XX 5 ἀπείρξετε τοῦ φιλοτιμεῖσθαι,

Isocr. VI 4 ἀπείργειν τοῦ συμβουλεύειν,
Dem. XXI 124 τὸν ἐξείργοντα — τὸ δίκην λαμβάνειν,
„ XXXIII 21 ἐφύγομεν τὸ διαιτῆσαι,
„ XXI 58 τὸ βιάζεσθαι — φεύγετε,
„ XXI 169 τὸ — δοῦναι δίκην — ἐκφυγεῖν,
And. II 9 τό γε δυστυχέστατος εἶναι ἀνθρώπων οὐδαμῇ ἐκφεύγω,
Dem. XVIII 156 τὸ — πράττειν ἀπεκρύπτετο,
„ XIX 223 ἀπεσχόμην τοῦ λαβεῖν,
„ XVIII 258 φυλαττόμενος τὸ λυπῆσαι,
„ XX 158 ἐπισχεῖν τοῦ τοιοῦτό τι ποιεῖν,
„ XXI 12 τὸ λαμβάνειν δίκην ἐπέσχετε,
Thuk. VIII 106 ἀπηλλάγησαν τοῦ σφᾶς — αὐτοὺς καταμέμψεσθαι,
Lyc. 37 οἱ ἀφειμένοι τοῦ στρατεύεσθαι, vgl. 40,
Dem. III 34 τοῦ δι᾽ ἔνδειαν ἀνάγκῃ τι ποιεῖν αἰσχρὸν ἀπηλλαγμένος,
„ XX 58 ἀπαλλάττομαι τοῦ — λέγειν,
„ XXIII 169 ἀπηλλάγη τοῦ στρατηγεῖν,
„ „ 181 ἀπηλλαγμένος τοῦ φρονεῖν,
Isocr. III 6 τοῦ θηριωδῶς ζῆν ἀπηλλάγημεν,
Thuk. IV 34 ἀποκεκλημένοι — τοῦ προορᾶν.

Ob ἀφίστημι und ἐξίστημι in Betracht kommen, ist mir zweifelhaft doch würde sich auch bei ihnen alles nach dem Gesetz regeln. Daß ἀπαγορεύει nicht mit dem substantivierten inf. erscheint, ist auch erklärlich; man faßte den dabei stehenden inf. eben immer als Verbot.

Den loser angefügten acc. des inf. dagegen, der eine Folge bezeichnet haben wir Dem. XXIII 167: τρεῖς δὲ μόναι ψῆφοι διήνεγκαν τὸ μὴ θανάτου τιμῆσαι, 205: Κίμωνα παρὰ τρεῖς — ἀφεῖσαν ψήφους τὸ μὴ θανάτῳ ζημιῶσαι. In dem ersten Beispiel ersehen wir schon an dem intransitiven Verbum, daß τὸ μὴ — τιμῆσαι nicht Objekt im gewöhnlichen Sinn ist, im zweiten haben wir schon ein anderes acc.-Objekt. Wo aber, wie in den obigen Fällen, der acc. oder gen. oder dat. des inf. grammatisches Objekt ist, da würde ja eine zum inf. gesetzte Negation den entgegengesetzten Sinn involvieren.

Eine weitere, höchst interessante Bestätigung unserer Ansicht bietet die Construktion von ἐμποδών, das bekanntlich auch mit μή cum inf. verbunden wird. Ich werde alle von Weiske gebrachten Beispiele anführen. Wir lesen bei Dem. XXIII 149 τοῦ μὴ λαβεῖν Ἀμφίπολιν τοῦτ᾽ ἐμποδὼν κατέστη, XXXIII 25 ἐμποδών τι αὐτῷ ἐγένετο τοῦ μὴ εὐθὺς τότε δικάσασθαι, bei Isocr. XII 80 τίς ἐμποδὼν καταστὰς τοῦ μηδὲν ἔτι γενέσθαι τοιοῦτον. Werfen nun diese Beispiele nicht unsere ganze Annahme über den Haufen? Durchaus nicht. Die beste Erklärung werden einige andere Beispiele geben: Dem. XVI 25 ἵνα μὴ τοῦτ᾽ ἐμποδὼν γένηται τῷ Θηβαίους γενέσθαι μικρούς, XIX 73 οὐκ ἦν ἐμποδὼν τῷ τοὺς Φωκέας σώζεσθαι. Der Unterschied ist sofort klar: Die eigentliche Construktion von ἐμποδών ist die mit dem dat., darnach sind die zwei letzten Beispiele gebildet, in den vorhergehenden aber ist ἐμποδών gefaßt und konstruiert wie αἴτιος, also τοῦ μή. Vgl. Plat. legg. 832. Wir statuieren also hier eine psychologisch zu erklärende Association der Gedanken. Zugleich gibt diese verschiedene Construktion von ἐμποδών ein belehrendes Beispiel für das Eindringen der Negation auch in anderen Fällen, ohne daß es deswegen notwendig wäre, unsere Aufstellung on der Regelmäßigkeit und Richtigkeit der Construktion ohne μή zu widerrufen der zu beschränken.

κωλύω braucht hier wohl nicht besonders erwähnt zu werden. Da s nach der Regel den bloßen inf. nach sich hat, so ist es selbstverständlich, daß auch der substantivierte inf. nicht negiert wird.

Ebenso ist es bei den Verbis des Fürchtens: Thuk. VI 14 ὀῤῥωδεῖς τὸ ἀναψηφίσαι, 61 δείσαντες τὸ — καταπλεῦσαι. Doch will ich diese nicht weiter verfolgen.

Nach dem schon über ὥστε Bemerkten ist es von selbst klar, daß diese Partikel der Einsetzung von μή nach einem der obengenannten Verba nicht im Wege steht; daher Thuk. V 49 Λακεδαιμόνιοι τοῦ ἱεροῦ ὑπὸ Ἠλείων εἴρχθησαν ὥστε μὴ θύειν. Man ersieht an diesem Beispiel wieder deutlich, daß ὥστε dem inf. seine eigentliche Bedeutung wieder zurückgeben soll; in εἴρχθησαν μὴ θύειν könnte θύειν als gen. gefaßt werden, was aber in unserer Stelle wegen des τοῦ ἱεροῦ unmöglich ist. Und wenn wir VII 36 lesen: κωλύσειν ὥστε μὴ περιπλεῖν, so ist uns eigentlich damit erst deutlich gemacht, wie auch κωλύω zu dem inf. mit μή kommen kann, so nämlich, daß ihm die ihm eigentlich zukommende Construktion mit einem acc.-Objekt genommen und es nach Analogie der übrigen Verba behandelt wird.

Ich will hier nicht unterlassen, auf Her. VIII 58 μεταβουλεύσασθαι ὥστε μένειν hinzuweisen unter Vergleichung der schon angeführten Stelle VII 12 μετὰ δὲ βουλεύεαι — μὴ ἄγειν. Es kann natürlich die erste Stelle nicht zu einem Beweis gegen unsere Ansicht verwendet werden, da der Sinn ja in ihr ein anderer ist, wie in der zweiten.

Daß auch hier wieder ὡς wie ὥστε gebraucht wird, zeigt Her. II 7 (ebenfalls schon erwähnt). Damit glaube ich nachgewiesen zu haben, daß die Hinzufügung und Weglassung von μή nicht willkürlich ist und daß wir es hier mit einem Sprachgesetz zu thun haben, das wenigstens für die ionische und die frühere attische Periode entschiedene Geltung hat, und dessen deutliche Spuren man auch in der darauffolgenden Zeit noch erkennt. Die wenigen Fälle, welche noch zur Besprechung bleiben, kommen dagegen nicht in Betracht.

Es bleibt noch übrig aus Herodot I 86 ῥύσεται τοῦ μὴ ζῶντα κατακαυθῆναι. Damit stelle ich zusammen Aesch. Prom. 235 ἐξερυσάμην βροτοὺς τοῦ μὴ διαρραισθέντας εἰς Ἅιδου μολεῖν und Thuk. III 1 εἶργον τὸ μὴ προεξιόντας — κακουργεῖν. Dieses letztere könnte man allerdings schon mit dem acc. der Wirkung erklären.

Die auffallende Gleichmäßigkeit der Bildung dieser Beispiele hat mich auf einen Gedanken gebracht, der durch eine noch auffälligere Stelle aus Demosthenes gestützt wird. Wir lesen Dem. XXI 41: ἃ δ' ἂν ἐκ πολλοῦ συνεχῶς ἐπὶ πολλὰς ἡμέρας παρὰ τοὺς νόμους πράττων τις φωρᾶται, οὐ μόνον δήπου τοῦ μὴ μετ' ὀργῆς ἀπέχει, ἀλλὰ καὶ βεβουλευμένως ὁ τοιοῦτος ὑβρίζων ἐστὶν ἤδη φανερός. Dies hat doch offenbar den Sinn: „Ein solcher Mensch kann nicht nur die Ausrede nicht gebrauchen, er habe es im Zorn gethan, sondern ꝛc." Wenn man nun die Bedeutung von μή bedenkt, so wird man leicht sich überzeugen, daß hier nicht sowohl das Verbum, das ja ausgelassen ist, verneint, sondern nur das Motiv des Handelns als unzutreffend abgelehnt werden soll. Es ist also μή speziell mit μετ' ὀργῆς zu verbinden, wie wir auch in anderem Zusammenhang diese Verbindung öfter bei

Demosthenes finden, vgl. XX 16 τὸ γὰρ μὴ μετ' αἰσχύνης ὡς κολακεύοντι λαμβάνειν, ἀλλ' ἐν ἰσηγορίᾳ δοκοῦντα ἄξιόν τινος εἶναι τιμᾶσθαι τῷ καλῷ ἐστιν, XIX 124 ἐξομόσασθαι μὲν δὴ μὴ μετ' αἰτίας τινὸς δεινὸν ἦν καὶ ὑποψί μεγάλη. Ich behaupte also, daß μή eng mit μετ' ὀργῆς zu verbinden ist und daß μή eben gesetzt wurde, weil zu dem inf. wieder eine Nebenbe stimmung trat, für welche der Grund μή auszulassen, wie beim inf. in Folge de: Substantivierung, nicht vorhanden war. Es sind aber offenbar unsere obige Beispiele mit der besprochenen Stelle ganz auf eine Linie zu stellen; denn τοῦ μὴ μετ' ὀργῆς hat offenbar denselben Sinn, wie τοῦ μὴ ὀργιζομένους (πεποιηκέναι). Ich möchte also hiemit für das participium einen ähnlichen Gebrauch statuieren, wie für den inf. Ich möchte hier nur an die dem inf. ganz analogen Bildungen von μὴ οὐ cum part. erinnern; auch fehlt es nicht an Beispielen, in welchen das einfache μή beim part. sich nur erklären läßt als Wiederholung der im übergeordneten Satz oder Verbum enthaltenen Negation; freilich sind diese Beispiele der Natur der Sache nach selten. Von Kühner wird aus dem Programm von Wentzel (Glogau 1843) zitiert Oed. R. 57 ἔρημος ἀνδρῶν μὴ ξυνοικούντων ἔσω. Ich könnte noch andere Beispiele anführen, doch will ich mich in dieses Gebiet nicht weiter verlieren.

In den obigen Beispielen müssen wir also jedenfalls dem part. einen Einfluß auf die Wiedereinsetzung der Negation einräumen. Vgl. auch Thuk. III 11.

Schließlich müssen wir über Isocr. XV 122 ἠπίστατο — τὴν πόλιν — διὰ — τὸ μῖσος μικρὸν ἀπολιποῦσαν τοῦ μὴ ταῖς ἐσχάταις συμφοραῖς περιπεσεῖν uns eine Ansicht zu bilden suchen. Entweder müssen wir hier eine anakoluthische Art des Ausdrucks annehmen oder eine Analogiebildung, wie ja auch die späteren Bildungen, in welchen die ursprünglichen Grenzen des Gebrauchs verwischt sind, nur als solche zu betrachten sind, oder endlich, was mir hier am einfachsten zu sein scheint, einen Textfehler. So sehr ich sonst mich scheue, in die Textgestalt einzugreifen, möchte ich mir hier doch eine kleine Aenderung erlauben und unter Vergleichung von Xen. Cyrop. V 1, 25: τίς Μήδων σοῦ ἀπελείφθη τὸ μή σοι ἀκολουθεῖν korrigieren: ἀπολιποῦσαν τὸ μὴ — περιπεσεῖν, so daß wir also auch hier den bekannten inf. der Wirkung hätten.

Somit wäre der erste Teil erledigt; schwieriger gestaltet sich der zweite, in welchem es sich um den Fall handelt, daß die obengenannten Verba selbst negiert werden. Nach der Regel tritt dann μὴ οὐ zum bloßen inf. Es müßten also nach der von uns gefundenen ratio des Sprachgebrauchs, sobald der Artikel zum inf. tritt, die beiden Negationen wegfallen. (Die Beschränkungen ergeben sich aus dem Obigen von selbst). Es fragt sich nun: Wie sind die thatsächlich davon abweichenden Fälle zu erklären? Diese Frage müßte im Zusammenhang mit dem parallelen Gebrauch von μὴ οὐ in negativen Infinitivsätzen nach negativen Ausdrücken der Möglichkeit beantwortet werden. Denn Analogiebildungen nach diesen Fällen haben jedenfalls das ursprünglich Geschiedene noch mehr verwirrt, als es in den bisher besprochenen Stellen der Fall sein konnte. Wenn ich nun aber die ausführliche Beantwortung dieser Frage unterlasse, so geschieht es deshalb, weil das mir aus der Prosa zu Gebote stehende Material ein zu geringes ist, um daraus den Entwickelungsprozeß nachweisen zu können. Es müßte vor allem auch der dichterische Sprachgebrauch berücksichtigt werden. Daß über das von uns gefundene Gesetz in Kraft war, zeigt auch in dieser Beziehung der vollständig unseren Aufstellungen entsprechende Sprachgebrauch des Herodot sowohl als auch das Faktum, daß nach den Grammatiken ein τοῦ μὴ οὐ mit Ausnahme der Stelle Eur. Hipp. 48, die als Unikum betrachtet werden kann, sich in der ganzen griechischen Litteratur ebensowenig findet als ein τῷ μὴ οὐ cum inf.

Bei Herodot findet sich zwar kein Beispiel, in welchem der substantivierte inf. nach einem Verbum des Hinderns steht, dagegen wohl nach einem Verbum der zweiten Kategorie, nach welchem natürlich τὸ μή zu erwarten ist. Man vergleiche:

Zu den Verbis der ersten Kategorie:
VI 88 οὐκέτι ἀνεβάλλοντο μὴ οὐ τὸ πᾶν μηχανήσασθαι,
VIII 98 οὐ νὶξ ἔργει μὴ οὐ κατανύσαι τὸν δρόμον,
IX 12 οὐ δυνατοὶ αὐτὴν ἴσχειν — μὴ οὐκ ἐξιέναι.

(Den substantivierten inf. ohne Negation finden wir Xen. Cyr. III 1, 9 τὸ ψευδόμενον φαίνεσθαι καὶ τοῦ συγγνώμης τινὸς τυγχάνειν ἐμποδὼν μάλιστα ἀνθρώποις γίγνεται. Freilich weicht hier die Construktion von ἐμποδών von der bei den attischen Rednern, die wir oben besprochen haben, ab.)

Zu den Verbis der zweiten Kategorie:
III 82 ἀδύνατα μὴ οὐ κακότητα ἐγγίνεσθαι,
VI 11 οὐδεμίαν ἔχω ἐλπίδα μὴ οὐ δώσειν ὑμέας δίκην,
VIII 100 οὐ γάρ ἐστι Ἕλλησι οὐδεμία ἔκδυσις μὴ οὐ — εἶναι δούλους, besonders aber II 181 ἔστι τοι οὐδεμία μηχανὴ μὴ οὐκ ἀπολωλέναι κάκιστα γυναικέων πασέων und
III 51 Περίανδρος δὲ οὐδεμίαν μηχανὴν ἔφη εἶναι μὴ οὔ σφι ἐκεῖνον ὑποθέσθαι τι im Gegensatz zu
I 209 οὔκων ἐστὶ μηχανὴ ἀπὸ τῆς ὄψιος ταύτης οὐδεμία τὸ μὴ κεῖνον ἐπιβουλεύειν ἐμοί. Mit der Fassung dieser Stelle ist wieder zu vergleichen
II 160 οὐδεμίαν γὰρ εἶναι μηχανήν, ὅκως οὐ τῷ ἀστῷ ἀγωνιζομένῳ προσθήσονται. Vgl. Plato apol. 29 C.

Ein eingesetztes ὥστε alteriert natürlich μὴ οὐ nicht:
VIII 57 οὔτε σφᾶς Εὐρυβιάδης κατέχειν δυνήσεται οὔτε τις ἀνθρώπων ἄλλος ὥστε μὴ οὐ διασκεδασθῆναι τὴν στρατιήν.

Wenn wir nun jetzt die an den Anfang dieses Kapitels über den inf. gestellten drei Beispiele aus Antiphon (III β 4), Andokides (III 26) und Demosthenes (XXIV 69) wieder ins Auge fassen, so können wir wenigstens die beiden ersten als dem frühesten Zustand nahestehend erklären. Denn auch das bloße μή bei Antiphon ist dem Sinn durchaus entsprechend und als das einfachere der Zeit nach vielleicht noch früher anzusetzen, als μὴ οὐ, wie es sich bei Andokides zeigt. Das von der ursprünglichen Anschauung jedenfalls am weitesten entfernt liegende aber haben wir in dem demosthenischen τὸ μὴ οὐ. Ich möchte also in den drei verschiedenen Stellen drei Entwickelungsstadien des Sprachgebrauchs erkennen. Ich erlaube mir noch eine demosthenische Stelle hinzuzufügen: I 6: οὐδὲ γὰρ λόγος οὐδὲ σκῆψις ἔσθ' ὑμῖν τοῦ μὴ τὰ δίκαια ποιεῖν ἐθέλειν ὑπολείπεται, womit zu vergleichen Her. VII 28 οὔτε σε ἀποκρύψω οὐδὲ σκήψομαι τὸ μὴ εἰδέναι τὴν ἐμαυτοῦ οὐσίαν.

Kehren wir nach dieser langen Abschweifung nun zu unserem Redner zurück; es sind nur wenige in Betracht kommende Stellen mit dem inf. noch übrig, in welchen wir nichts von dem besprochenen Sprachgebrauch

Abweichendes finden; nur scheint er, soviel wir aus der geringen Anzahl der Stellen schließen können, vorzuziehen, nach den negierten Ausdrücken der Möglichkeit einfach μή zu setzen, was natürlich, wie schon oben gesagt, ebensogut möglich ist. Außer der Stelle III β 4 haben wir noch II γ 6 μὴ παραχθῆναι δὲ τὴν γραφὴν οὐδεμίαν ἐλπίδα εἶχεν.

μὴ οὐ finden wir bei Antiphon V 87 καὶ οὐδεὶς ἂν τολμήσειεν — μὴ οὐ χρῆσθαι τῷ νόμῳ und in der gleichlautenden Stelle VI 5. Der Unterschied der beiden Constructionen ist nach Th. Bergk (bei Ersch und Gruber) der: „ein bloßes μή, wenn die Negation scharf und bestimmt sein soll, dagegen μὴ οὐ bei geringerer Bestimmtheit und einigem Zweifel." Ebenso Göller zu Thuk. VIII 60. VI 15 οὐδεὶς οἷός τ᾽ ἂν εἴη ἀποτρέψαι μὴ οὐ γενέσθαι.

V 32 ἀπετρέπετο μηδὲν κατ᾽ ἐμοῦ καταψεύδεσθαι war oben schon erwähnt.

Damit bin ich zum Ende meiner Bemerkungen über den negierten inf. gekommen. Interessant ist es nun, zu betrachten, auf welcher Stufe die Entwickelung in einer späteren Zeit steht, was uns ermöglicht wird durch das Programm von Stegmann: „Ueber den Gebrauch der Negationen bei Plutarch", Geestemünde 1882. Darnach findet sich auch bei Plutarch τοῦ c. inf. ohne μή nach ἀπείργω, ἀπέχω, ἐπέχω, ἐμποδών (also in anderer Construktion als bei den Rednern und gleich wie bei Xen. Cyr. III 1, 9, vgl. Crassus XIII 1 ὁ δ᾽ οὖν Κράσσος ἀεὶ μὲν ἐμίσει τὸν Κικέρωνα διὰ ταῦτα, τοῦ δὲ βλάπτειν ἀναφανδὸν ἐμποδὼν εἶχε τὸν υἱόν), ἀποτρέπω, häufig so nach Substantivis wie κώλυμα, κώλυσις, ἀντίρρησις, ἄρνησις, ἄδεια 2c. τό c. inf. ohne μή folgt nach ἀποδρᾶναι, φεύγω. Der einfache inf. steht teils mit, gewöhnlich aber ohne μή nach denselben Verbis; wenn jene Verba verneint sind, steht der bloße inf. ohne μή, den Gebrauch von μὴ οὐ in diesem Falle kennt Plutarch gar nicht. τό c. inf. ohne μή folgt nach οὐ φεύγω, οὐ διαφεύγω, οὐκ ἀπαγορεύω. Der bloße inf. mit μή statt μὴ οὐ steht nach οὐκ εἴργω und οὐκ ἀπείργω. Auffallender, doch auch nach den besprochenen Beispielen aus Thukydides zu erklären sind Num. X 27 ἀφοσιουμένων τὸ μὴ λιμῷ διαφθεῖραι, M. 890, 7 παραφυλάττουσι τὸ μὴ σφάττειν, Per. XI 31 φόβον καὶ φρουρὰν τοῦ μὴ νεωτερίζειν, Crass. XX 8 φύλακα τοῦ μὴ κυκλωθῆναι.

Statt des μὴ οὐ beim inf. nach negativen Sätzen setzt Plutarch einfach μή, so nach οὐ δύναμαι, οὐ δυνατόν, ἀδύνατον, οὐκ ἔστιν 2c., τὸ μή c. inf. M. 149, 36 und 1373, 20, ὥστε μή M. 1147, 2.

Man ersieht aus dieser Zusammenstellung, daß erstens der Gebrauch von μή bedeutend abgenommen hat, beim substantivierten inf. regelmäßig fehlt, zweitens μὴ οὐ nach den bezeichneten Verbis gar nicht vorkommt. Es findet sich μὴ οὐ nur noch nach den verbis timendi gewöhnlich mit nachfolgendem indicativus, wenn der abhängige Satz selbst negiert ist, = lateinisch ne non, wie μή = ne. Tritt an Stelle des abhängigen Satzes der inf., so fällt μή weg, mag der inf. substantiviert sein oder nicht. (Stegmann, S. 10.) Auch der acc. c. inf. folgt nach diesen Verbis.

Die Sprache befindet sich also in dem Stadium der Entwickelung, daß sie den inf. fast gar nicht mehr in seiner ursprünglichen loseren Bedeutung fühlt, daß sie ihn vielmehr gewöhnlich als direktes Objekt des übergeordneten Verbums betrachtet, auch wenn er ohne Artikel steht. Es sind, wie Stegmann sagt, die pleonastischen Negationen meist vermieden.

Es ist hier nötig, auch ein Wort über den acc. c. inf. zu sagen. Wir finden bei Antiphon I 28 den Fall, daß das Subjekt des acc. c. inf. fehlt: ὑπὲρ τῆς μητρὸς εὖ εἰδέναι μὴ πεποιηκέναι ταῦτα. Es ist dies auch sonst nicht gerade selten. Zu den von Gebauer S. 17 zitierten Stellen socr. XII 220, Dem. XXVII 56, And. IV 18, Thuk. VI 92 (Din. II 26 nach der Conjektur von Weidner) erlaube ich mir beizufügen aus unserem Redner selbst VI 46 ἀξιοῦντες φονέα εἶναι, II β 7, Alcid. περὶ σοφ. 2 σοφιστὰς προσαγορεύεσθαι νομίζων, Dem. VII 33, XXII 21. Es scheint mir das für die Kenntnis des Wesens des acc. c. inf. nicht unwichtig zu sein.

Die Verdunkelung des Bewußtseins von der Entstehung des acc. c. inf. scheint mir hauptsächlich durch seine Verwendung im Hauptsatz der indirekten Rede eingetreten zu sein. Es ist bekannt, wie häufig diese Form der Rede bei Herodot ist, der sie abhängig macht von ἔφη λέγων, ἔλεγε φάς ꝛc., einem scheinbaren Pleonasmus, wie Stein sagt, indem wohl ursprünglich der acc. des Subjekts abhängig ist von φημί wie bei Homer, und dieses zu jedem folgenden Subjekt der Hauptsätze in der or. obl. zu ergänzen ist. Manchmal ist es ja ausdrücklich wiederholt. So ist es möglich, daß der inf. c. acc. schließlich als ein eigener Satz betrachtet wird. Die Verdunkelung des Bewußtseins der Entstehung wird völlig bewiesen durch den substantivierten inf. c. acc., bei welchem der acc. des Subjekts, wenn er noch als Objekt gefühlt würde, jedenfalls nicht innerhalb Artikel und inf. sich befinden dürfte, Ant. V 94 τὸ δὲ τοὺς κατηγόρους διαβάλλειν οὐδέν ἐστι θαυμαστόν.

Auch zur Unterscheidung der persönlichen und unpersönlichen Construktion bei den Ausdrücken ἄξιός (ἄξιόν), δίκαιός (δίκαιόν) ἐστι ꝛc. kann unser Autor vielleicht etwas beitragen. Wir finden nämlich als gewöhnlich bei ihm die persönliche Construktion dieser Ausdrücke vorgezogen. Wir finden bei ihm II α 1 χαλεποὶ καὶ γνωσθῆναι καὶ ἐλεγχθῆναί εἰσι, β 7 ἄξια πιστεύεσθαι, 10 ἀπολύεσθαι — δίκαιός εἰμι, 11 δίκαιοί εἰσι τυγχάνειν, II γ 1 ἄξιος ἐλεεῖσθαι (II δ 9 ἐπίδοξος ἡ δυσπραγία μεταβάλλειν), III γ 7 κακοῖς περιπεσεῖν δίκαιός ἐστι, 8 (οὐ) δίκαιος — ἀποφυγεῖν, ebenso 10, III β 10 δίκαιοι — ἀξιοῦσθαι, 11 δίκαιοι τὰς τούτων ἁμαρτίας συμφέρειν, III β 2 τὴν ἀπέχθειαν — δίκαιος φέρεσθαί ἐστιν, IV α 6 ἄξιος — τυχεῖν, οὐδενὸς ἁμαρτεῖν — δίκαιός ἐστιν, IV β 2 δίκαιοι ἀντιπάσχειν, ebenso 3, IV δ 5 δίκαιος φονεὺς εἶναί ἐστιν, 7 δίκαιος καταλαμβάνεσθαι, IV γ 1 ἐκβάλλεσθαι ἄξια, V 79 δίκαιός ἐστι — δίκην διδόναι. Von unpersönlichen Construktionen haben wir dagegen sehr wenige: I 25 πότερον δικαιότερον τὸν ἐκ προνοίας ἀποκτείναντα δίκην δοῦναι ἢ μή ꝛc., II β 7 πῶς δίκαιον τούτῳ μαρτυροῦντι πιστεύσαντας διαφθεῖραί με, III γ 8 οὐ δίκαιον τὰς θείας προσβολὰς κωλύειν γίγνεσθαι, IV δ 9 τὸν διώκοντα οὐ δίκαιον καταλαμβάνειν.

Es fehlt vor allem eine Wendung der Art: χαλεπόν ἐστιν ἐλέγχειν αὐτόν mit αὐτόν als Obj.-acc.

In dem letzten Beispiel IV δ 9 ist τὸν διώκοντα acc. des Subjekts. So würde also auch χαλεπόν ἐστιν ἐλέγχειν αὐτόν nicht sowohl heißen: „Es ist schwierig, ihn zu überführen", sondern „daß er überführe." Für das Erste steht χαλεπός ἐστιν ἐλέγχεσθαι. Bei der persönlichen Construktion sind die inf. meist passivisch oder von passiver Bedeutung. Es fehlt also auch eine Bildung wie δίκαιός ἐστιν ὁ διώκων καταλαμβάνειν. Später freilich, bei Demosthenes, finden wir das eine wie das andere, vgl. Dem. XXIII 106: οὔκουν ἐστὲ δίκαιοι βοηθοὺς καλεῖν ἡμᾶς mit XX 4 ἀφαιρεθῆναι δίκαιοι,

XXIII 55 δίκην ὑπέχειν δίκαιος. Ob diese Aufstellungen, welche aus dem Sprachgebrauch Antiphons gezogen sind, allgemein zutreffend sind, muß ich dahingestellt sein lassen. Ich bemerke nur, daß III γ 8 nicht dagegen sprechen kann, weil αἱ προςβολαί überhaupt nicht gut als persönliches Subjekt aufgefaßt werden kann. In VI 10 πιστεῦσαι αὐτῷ ἀξιώτερον haben wir wenigstens nicht wie in den obigen Beispielen ein transitives Verbum, wenn ich auch zugeben muß, daß man πιστευθῆναι ἄξιος erwartet. Doch gibt mir diese Stelle auch in anderer Beziehung zu Bedenken Anlaß. Auch in der kritisch unsichern Stelle IV δ 9 möchte ich unter Vergleichung der Worte τὸν διώκοντα οὐ δίκαιον καταλαμβάνειν und des § 7 δίκαιος καταλαμβάνεσθαι lieber δίκαιον schreiben statt δίκαιος. Doch sei dies nur vermutungsweise und mit allem Vorbehalt hier ausgesprochen.

Nach der Analogie dieser persönlichen Ausdrücke ist der nom. c. acc. an Stelle des acc. cum inf. eingetreten bei λέγεται, ἀγγέλλεται ꝛc. Daß bei diesen passiven Ausdrücken auch der acc. c. inf. steht, vgl. Her. VI 61 γυναῖκα λέγεται ἐπιγαμῆσαι, Krüger § 55, 4, 2. Besonders auffallend erscheint uns aber der nom. in der or. obl., wenn er sich auf das Subjekt des übergeordneten Verbs bezieht. Her. II 141 αὐτὸς γὰρ οἱ πέμψειν βοηθοὺς (172, VI 67), ähnlich Ant. VI 16 ἐγὼ δὲ (sc. διωμοσάμην μὴ ἀποκτεῖναι μήτε χειρὶ ἐργασάμενος μήτε βουλεύσας, Dem. XXVII 15 τουτ᾽ οὖν διευκρινησάμενος — ποιήσειν. Wir haben hier eine Assimilation von ähnlicher Art wie die des Dativs beim Prädikatsnomen des acc. c. inf., das sich auf den beim übergeordneten Verb stehenden Dativ bezieht, wovon noch weiter unten die Rede sein wird.

Hiemit schließen wir das Kapitel über den inf. und gehen zur Betrachtung des participium bei Antiphon über. Es standen mir für das part. Spezialschriften nicht zu Gebote außer dem Programm von Ahrens: de participii subjuncti ratione Homerica, Kattowitz 1878, und der Abhdlg. von J. Jolly: „Zur Lehre vom Partizip", welche ich durch die gütige Vermittlung des Herrn Verfassers selbst erhielt.

Wenn die Griechen überhaupt schon als φιλομέτοχοι bekannt sind, so ist doch die Anwendung des part. bei Antiphon eine besonders häufige. Es erscheint das part. attributiv, appositiv und prädikativ in den verschiedensten Verbindungen, häufig auch mehrere participia in der verschiedensten Beziehung mit einander verbunden. Man betrachte nur II γ 2: εἴτε γὰρ προςιόντας τινὰς προϊδόντες οἱ ἀποκτείναντες αὐτοὺς ἀπολιπόντες ᾤχοντο φεύγοντες πρότερον ἢ ἀπέδυσαν, οἱ ἐντυχόντες ἂν αὐτοῖς — τόν γε θεράποντα — ἔτι ἔμψυχον εὑρόντες, σαφῶς ἀνακρίναντες τοὺς ἐργασαμένους ἤγγειλαν ἂν ἡμῖν. Welche Fülle von participiis und von durch sie ausgedrückten Beziehungen! Vgl. Krüger § 46, 14 und 15. Für Homer konstatiert Ahrens in dem genannten Programm eine dreifache Art der Zusammensetzung von part.

Es wäre nun wohl zu weitläufig und hieße Bekanntes wiederholen, wollte ich das part. bei Antiphon ausführlich verfolgen; im besonderen bleibt die einfachste und ursprünglichste Art seiner syntaktischen Verwendung, die attributive, von der Besprechung ausgeschlossen.

Dagegen möchte ich mir über das appositive part. einige Bemerkungen erlauben. Ich sehe in dem part. den ursprünglichsten Versuch, eine Nebenbestimmung als untergeordnet unter das Hauptverbum darzustellen, daher bei der noch mangelnden Ausbildung des hypotaktischen Satzgefüges die verhältnismäßige

Häufigkeit dieses Stellvertreters eines Nebensatzes. Das appositive part. steht bekanntlich im Sinn eines Temporal=, Kausal=, Konzessiv= und Konditionalsatzes, während der inf. auf die Zukunft hinweisend einen Absichts= oder einen Folgesatz vertritt. Deutlich erscheinen mir alle diese Verhältnisse ausgedrückt im sogenannten genetivus absolutus, der meines Erachtens seinen Namen mit demselben Unrecht trägt wie der lateinische ablativus absolutus. In einem Artikel der Neuen Jahrbücher 1875 hat E. Hoffmann, indem er gegen die bisherige Bezeichnung polemisiert, eine neue Definition des abl. abs. gegeben (S. 784), mit welcher im wesentlichen die von Lattmann=Müller übereinstimmt. Ohne nun darauf Rücksicht zu nehmen, ob der Versuch einer Erklärung des griechischen gen. abs. nicht vielleicht im Verein mit der Betrachtung des lateinischen abl. abs. anzustellen wäre, will ich in Bezug auf den gen. abs., für welchen mir die alte Bezeichnung gen. consequentiae passender scheinen will, meine Ansicht in kurzem darlegen. Es wird wohl zugegeben, daß der gen. abs. ursprünglich einen Temporalsatz der Gleichzeitigkeit vertritt, also mit „während" wiederzugeben ist. In enger Verbindung mit dieser Bedeutung aber bezeichnet er, daß an die im part. enthaltene Handlung eine zweite unmittelbar angeschlossen ist: „damit daß." Diese zweite Bedeutung sehen wir bei Antiphon sehr häufig hervortreten. Diese beiden Bedeutungen hat aber ursprünglich der instrumentalis sociativus, vgl. Jolly, Gesch. d. inf., S. 117. Nun ist aber aus andern Beispielen bekannt, daß im Griechischen der gen. neben dem dat. der Stellvertreter des instr. ist (wie im Lateinischen der abl.). Es ist also der gen. abs. nach meiner Ansicht als ursprünglicher instr. zu erklären. Als indirekten Beweis dafür, daß dem gen. abs. die genannte Bedeutung („während") ursprünglich zukommt, könnte man die Thatsache anführen, daß sich im Griechischen keine eigentlichen Temporalsätze der Gleichzeitigkeit ausgebildet haben. Daß aber der gen. abs. von einem Präteritum nicht die allgemeinere Bedeutung eines Temporalsatzes mit „nachdem" hat, scheint mir daraus hervorzugehen, daß Herodot für dieses weniger genau bestimmte Zeitverhältnis μετά cum acc. participii setzt, vgl. I 9 μετὰ δ' ἐπὶ ἐξελθόντα παρέσται καὶ ἡ γυνή, I 34 μετὰ δὲ Σόλωνα οἰχόμενον ἔλαβε ἐκ θεοῦ νέμεσις μεγάλη Κροῖσον. Die Verbindung von Partizipialausdrücken mit Präpositionen ist überhaupt bei Herodot häufig, vgl. I 15, 134, III 10, VIII 44, I 51, 59, 170, II 22, 136; ebenso bei Thukydides, vgl. Matthiä § 565. Die enge Verbindung, welche der gen. abs. zwischen Partizip und übergeordnetem Verbum herstellt, gestattete auch sehr leicht an einen ursächlichen Zusammenhang zu denken, daher die kausale Bedeutung. Wie nun aber das deutsche „damit daß" auch konditionale Bedeutung annehmen kann, wenn das Hauptverbum nur die Annahme einer Wirklichkeit ausdrückt, ebenso der gen. abs. Auch für diese Bedeutung bietet Antiphon viele Beispiele. Die letzte Verwendung ist die adversative, die aus der temporalen hervorgeht (vgl. das deutsche „während"). Zum Ausdruck aller dieser Verhältnisse wird der gen. abs. angewendet und zwar, weil er diese Verhältnisse deutlicher ausdrückt, selbst da, wo man das part. relativum erwarten sollte, so Ant. III γ 11: ἐκ δὲ τῆς αὐτῶν τῶν ἀπολογουμένων ἀπολογίας μετόχου τοῦ μειρακίου τοῦ φόνου ὄντος οὐκ ἂν δικαίως ἀπολύοιτε αὐτόν. Mit αὐτόν ist doch nichts anderes gemeint als τὸ μειράκιον. Bei Herodot und auch bei Demosthenes ist dieser Gebrauch häufiger, als man erwarten sollte. Her. I 187: χρημάτων κειμένων — μὴ οὐ λαβεῖν αὐτά, III 23 ἀπὸ τῆς κρήνης δὲ ἀπαλλασσομένων ἀγαγεῖν σφᾶς (an welcher Stelle noch ein Doppeltes auffällt, nämlich erstens die Anwendung des praes. ἀπαλλ. und zweitens das Fehlen eines nomen, das als Subjekt zu ἀπαλλ. zu denken wäre. Für das Erste hat Stein zu I 9 Parallelstellen aus Herodot gesammelt, das Zweite ist auch sonst nichts Ungewöhnliches). Auch in I 78 φανέντων δὲ αὐτῶν οἱ ἵπποι κατῆσθιον erwartet man statt des gen. den acc., in III 74 ταῦτα δὲ οὕτω ἐνετέλλοντο ὡς πιστοτάτου —ἐόντος αὐτοῦ eher den dat., in I 60 ἐνδεξαμένου δὲ τὸν λόγον καὶ ὁμολογήσαντος ἐπὶ τουτοισὶ Πεισιστράτου μηχανῶνται nach Krüger's Dialekt-lehre § 56, 9 eher den nom. Bei Demosthenes XVIII 135 τούτου λέγοντος ἀπήλασεν ἡ βουλή erwartet man den acc., ebenso XXVIII 1: πολλὰ καὶ μεγάλ᾽ ἐψευσμένου πρὸς ὑμᾶς Ἀφόβου τοῦτ᾽ αὐτὸν ἐλέγξαι πειράσομαι πρῶτον ꝛc. Vgl. ferner XLII 8 τὸ δ᾽ ἀνοῖξαι τὴν θύραν οὐχ ὁμολογεῖ ὥσπερ ἄλλου τινὸς ἕνεκα τὰ σημεῖα ἀφαιροῦντος ἢ τοῦ τὰς θύρας ἀνοῖξαι, wo vielleicht τινὸς nach ἀφαιροῦντος zu ergänzen ist.

Die oben erwähnte Ellipse eines als Subjekt zu dem part. abs. zu betrachtenden Nomens findet sich auch bei Antiphon V 44 καὶ μὴν ἔτι ἐγρηγορότων φασίν ἐκβῆναι τὸν ἄνδρα ἐκ τοῦ πλοίου, vgl. im Anhang meine Conjektur zu V 86. Auch sonst treffen wir diese Erscheinung bei Herodot I 82 παραμένειν ἀγωνιζομένων, II 2, III 120, VIII 90, bei Andokides in der unechten IV. Rede § 8 ἀποφυγόντος δὲ ἢ καταγνωσθέντος τέλος ἔχει, bei Demosthenes XVIII 322 οὐκ ἐξαιτούμενος, οὐκ Ἀμφικτυονικὰς δίκας ἐπαγόντων οὐδαμῶς προδέδωκα τὴν εἰς ὑμᾶς εὔνοιαν, vielleicht könnte man auch L 17 hierher ziehen: εἰςαγγελθέντων δὲ ὅτι ꝛc.

Am auffallendsten und fremdartigsten für unsere Empfindung sind die prädikativen part., die bei unserem Redner ebenfalls sehr häufig sind. Am verständlichsten sind Fälle wie III β 4 τὴν αἰτίαν οὐχ ἡμετέραν οὖσαν προςέβαλεν ἡμῖν und III β 3 ᾔδειν τήνδε τὴν ὑποψίαν εἰς ἐμὲ ἰοῦσαν. Man ersieht hierin den Uebergang vom attributiven zum prädiativen Gebrauch. Ebenso kann man natürlich sagen ἐμαυτὸν ἀπολυόμενον ἀποδείξω τῆς ὑποψίας II δ 3 oder mit der vom Sinn bedingten Voraussetzung des part.: ὁ θάνατος ἀποθανόντα μηνύει αὐτόν II α 5. Das bloße part. praedic. haben wir V 67 ἐπίσταμαι γεγονός. Die Bildung ἁλωσόμενος αὐτὴν ᾔδει II α 8 nun scheint mir eine Analogiebildung aus II δ 3 zu sein nach dem ähnlichen Vorgang der Umwandlung des acc. c. inf. in den nom. cum inf.; also entspricht ἁλωσόμενος ᾔδει dem nom. c. inf., ἐμαυτὸν ἀπολυόμενον ἀποδείξω dem acc. c. inf. Doch scheint die erstere Construktion später im Gebrauch abzunehmen und es wird statt dessen das part. logisch richtiger zum Objekt gezogen.

Eine Auswahl der antiphonteischen Beispiele soll hier Platz finden: part. zum Objekt gezogen: I 13 ᾔδεσαν—οἰκεῖον σφίσι τὸ κακὸν ἀναφανησόμενον, II δ 10 τὰ—τεκμήρια ἐμά, οὐ τούτου ὄντα ἐδήλωσα, III δ 4 αὐθέντην προςκαταγνωσθέντα ἐπίδω αὐτόν, IV β 7 ἐνόχους αὐτοὺς ὄντας ἀποδεῖξαι, IV δ 9 γιγνώσκει αὐτὸν ὄντα, II γ 5 τοῦτον ἐπιβουλεύσαντα ἤλεγχεν ὄντα, VI 31 ἀποφαίνω τοὺς μάρτυρας ὁμολογοῦντας ꝛc.;
ins Passiv verwandelt II δ 10 τὰ δὲ εἰκότα πρὸς ἐμοῦ μᾶλλον ἀποδέδεικται ὄντα und τά τε ἴχνη—οὐκ εἰς ἐμὲ φέροντα—ἀποδέδεικται, III β 5 δηλοῦται ἀποθανών, δ 5 δηλοῦται περιπεσών;
für das Passiv tritt ein φανερός ἐστι III β 5:
ἑστὼς φανερός ἐστι μὴ βληθείς, V 23 φανερὸς ἐκβάς

Ferner ist hierher zu rechnen das mediale παύσασθαι (κακούμενον αὐτόν) V 31, 41, 50, dagegen Her. V 67, VII 54.

Zum Subjekt eines transitiven activum gezogen: I 19 οὔπω ᾔδει— ἐξαπατωμένη, II β 6 ἐπαίτιος ἐσόμενος σαφῶς ᾔδειν, 9 ᾔδειν ἐκστησόμενος, δ δ δηλώσω οὐ παραγενόμενος, V 33 ἐγίγνωσκε καταψευσάμενος — ἀποθανούμενος. Bei Herodot besonders μανθάνω I 5 ἔμαθεν ἐγκυος ἐοῦσα 2c. Als Gegensatz zu οἶδα braucht er λανθάνω, I 44: ἐλάνθανε βόσκων. Eigentümlich VII 146 θηεύμενοι ἕωσι πλήρεις.

Als ein derartiges prädikatives Partizip betrachte ich auch Ant. VI 9 μηχανῶνται συντιθέντες καὶ διαβάλλοντες; dafür V 25 συνέθεσαν καὶ ἐμηχανήσαντο, wie Gorg. Pal. 37: εἴρηται καὶ παύομαι, Dem. LIV 4 ἐχλεύαζον ἡμᾶς καὶ οὐκ ἐπαύοντο (XXXVI 52 οὐ παύσει καὶ γνώσει). Für Andokides vgl. II 15 ἐγίγνωσκον ἀπολούμενος, für Thukydides I 32 ἀδύνατοι ὁρῶμεν ὄντες, II 7, bei Demosthenes ist die Construktion mit nom. des part. verhältnismäßig selten, III 17 ὅσης ἅπαντες ὁρᾶτε ἐρημίας ἐπειλημμένοι (vgl. XIII 27), XIV 24, XIX 177.

Von Verbis, welche sowohl part. als inf. bei sich haben, fällt bei Antiphon πειράομαι auf; er sagt II γ 1 πειρησόμεθα ἐλέγχοντες, dagegen V 33 διαπειρηθέντα ψευδῆ λέγειν, ebenso findet sich bei Herodot dieses Verbum mit part. II 73 πειράσθαι αὐτὸ φορέοντα, VII 172 πειρησόμεθα—μηχανεόμενοι, VI 9. Zu Ant. II β 3 περιιδεῖν με—διαφθαρέντα, III α 2, vgl. Her. Ii 110, III 65, IV 113, 118, VIII 75, IX 6, 7, dagegen I 24, II 64.

Eine merkwürdige Variation von part. und inf. haben wir auch VI 6 ὀρθῶς μὲν γὰρ γνωσθέντα τιμωρία ἐστὶν ὑπὲρ τοῦ ἀδικηθέντος, φονέα δὲ τὸν μὴ αἴτιον ψηφισθῆναι ἁμαρτία καὶ ἀσέβεια εἴς τε τοὺς θεοὺς καὶ τοὺς νόμους. Ebenso könnte man in § 28 statt τοὺς μάρτυρας τοὺς μαρτυροῦντας den inf. erwarten. Man sieht aber wohl deutlich, um wie viel ausdrucksvoller und anschaulicher die Wahl des part. ist; es wird im letzten Satz zum Beweis nicht herangezogen eine Handlung, sondern die leibhaftigen Träger derselben. Im ersten Beispiel aber kommt es wohl darauf an, das ψηφισθῆναι nur als Vorstellung der Handlung (Krüger: „als Idee") zu bezeichnen, weil man eben hofft, daß sie selbst nicht eintreten werde, im Gegensatz zum ersten Gliede.

Was die Anknüpfung des part. appositivum an den Hauptgedanken betrifft, so findet man zwar bei Antiphon nicht den Reichtum und die Häufigkeit der Verbindung mit Conjunktionen wie bei Herodot, welche eben als Beweis dafür gelten kann, daß das part. eines der Mittel zum ursprünglichen Ausdruck eines untergeordneten Gedankens ist; wir erkennen in dieser Beziehung keinen merklichen Abstand von dem Gebrauch der nachfolgenden Redner; die Rekapitulation des part. mit οὕτω oder οὗτος ist bei Antiphon ziemlich beliebt, auch dadurch tritt das part. auf eine und dieselbe Stufe mit relativen oder conditionalen Vordersätzen, vgl. Beispiele darüber weiter unten.

Als Einzelheit will ich noch erwähnen das auffallend gestellte, absolut gebrauchte εἰδώς bei Ant. V 24, womit außer I 7 und V 53 noch besonders zu vergleichen ist Dem. LI 10 καὶ μὴν οὐ μόνον εἰ τοῦτο ποιήσαιτε, δοκοῖ ἂν ἁμαρτεῖν, ἀλλ᾽ εἰ μὴ καὶ κολάσαιτε τοὺς τὰ τοιαῦτα ποιοῦντας, ἔχοντες und in der unechten Rede LIII § 14 ἔπειτ᾽ ἀγώνων μοι συνεστηκότων πρὸς αὐτοὺς τούς τε λόγους ἐκφέρει μου εἰδώς.

II.

Die Behandlung des part. und des inf. vermittelt von selbst den Uebergang zu dem zweiten Teil unserer Abhandlung, zu der Darstellung der Satzbildung bei Antiphon. Ich verstehe darunter die Art und Weise, wie Gedanken bei Antiphon aneinander angeschlossen und mit einander verbunden werden. Damit fällt die Betrachtung des einfachen Satzes, soweit sich in ihm nicht Infinitive oder Participien finden, weg. Die Sätze jedoch, in welchen diese Participialia sich finden, gehören streng genommen zu den zusammengesetzten und zwar zu denjenigen, welche zwei Gedanken durch Hypotaxis verbinden. Es fragt sich aber besonders, in welchem Umfang die parataktische Art der Satzverbindung bei Antiphon sich findet. Denn daß diese als die ursprüngliche einfache Art der Verbindung von Sätzen sich bei Antiphon nach seiner eigentümlichen Mittelstellung zwischen alter und neuer Zeit sich weit häufiger finden muß, als z. B. bei Demosthenes, ist leicht vorauszusetzen.

Ich spreche also nicht von dem Vorkommen der λέξις εἰρομένη und dem der λέξις κατεστραμμένη bei Antiphon. Es sind dies rhetorisch-technische Bezeichnungen des Charakters einer Redeweise, während wir es zu thun haben mit dem grammatischen oder sprachwissenschaftlichen Charakter des antiphonteischen Satzes. Allerdings hängt die λ. εἰρ. mit der parataktischen, die λ. κ. mit der hypotaktischen Satzverbindung eng zusammen. Es ist nach meiner Ansicht die vollständige Ausbildung der Hypotaxis im Griechischen eben hervorgegangen aus dem rhetorischen Streben nach eng gebundener Redeweise. Allein bevor diese, eben die λ. κ., nicht ausgebildet war, konnte auch von einer Unterscheidung beider Redeweisen nicht die Rede sein. Zur Zeit des Antiphon aber war sie noch nicht ausgebildet. Er beteiligt sich ja im Gegenteil als Nachfolger des Herodot, der ja als der Vertreter der λ. εἰρ. gilt, erst an der Arbeit der Ausbildung. Es ist nach meiner Ansicht das Verdienst und die gewaltige Geistesthat der Redner, besonders aber des Thukydides, die griechische Sprache zum periodologischen Ausdruck der Gedanken befähigt zu haben. Dies geschieht, indem sie die größere oder geringere Bedeutung des Gedankens und das Verhältnis der Gedanken zu einander im sprachlichen Ausdruck wiederzugeben sich bemühen. Die Aufgabe des Geschichtsschreibers, wie sie Thukydides erkannte, mußte es ja sein, die Thatsachen der Geschichte nach ihrem Zusammenhang von Ursache und Wirkung zu untersuchen und das gefundene Verhältnis zwischen denselben schon durch den Ausdruck zum Verständnis zu bringen; die Redner aber beteiligten sich an dieser Arbeit, wie mir scheint, besonders in der Absicht τὸν ἥττω λόγον κρείττω ποιεῖν und das Verhältnis der Gedanken und

Beweisgründe zu Gunsten der gerade von ihnen vertretenen Sache darzustellen, eventuell auch das eigentliche Verhältnis derselben zu verkehren.

Es ist klar, daß der Weg von Beginn bis zum Ende der auf die Befähigung der Sprache zum periodologischen Ausdruck zielenden Thätigkeit ein weiter war, und wenn Antiphon noch am Anfang des Weges steht, so dürfen wir uns nicht wundern, wenn auf ihn Giltigkeit hat, was Classen von Thukydides schreibt: „Nicht selten, besonders da, wo die verborgensten Vorgänge des Denkens und Empfindens auszusprechen waren, bringen wir nicht ohne Mühe durch den knappen Ausdruck zu dem vollen Gehalte seines Gedankens hindurch. Man kann nicht sagen, daß Thukydides nach Kürze strebe oder Gefallen finde an einer schwierigen und dunkeln Ausdrucksweise: — **das Wahre ist nur, daß seine Sprache, welche auf dem Gebiet, das er der griechischen Literatur gewonnen hat, wenig oder nichts vorgearbeitet fand, an der befriedigenden Gestaltung des oftmals widerstrebenden Stoffes mühsam zu arbeiten und zu ringen hatte, und die Beweise dieser oft sauren Mühe in mancher Unebenheit aufzeigt.**" So entstehen auch bei Antiphon aus dem unfertigen Zustand der Sprache für rednerische Zwecke und aus dem Ringen des Geistes mit dem sprachlichen Ausdruck oft Eigentümlichkeiten und Härten der Satzverbindung, einerseits solche, aus denen man ersehen kann, daß der Redner der Sprache noch nicht im gewünschten Grade Herr geworden, andrerseits aber auch solche, welche beweisen, daß der Sprache Gewalt angethan worden ist.

Ich halte es deßhalb auch nicht für richtig, an den Periodenbau Antiphon's überall den Maßstab der Kunst anzulegen, wie es Belling in seiner Dissertation de periodorum Antiph. symmetria gethan hat, oder wie Hoppe nicht nur, was symmetrisch gebaut ist, aus dem Streben nach Herstellung von Symmetrie erklären zu wollen, sondern auch Alles, worin sich eine solche Symmetrie nicht zeigt, aus dem bewußten Streben zu variiren. Ferner wird einmal eine Kunst darin gefunden, Perioden abzurunden und concinn zu machen, dann wieder dem Redner die Absicht zugemutet, die plana periodorum concinnitas zu vernichten (Hoppe S. 35). Die Periodologie Antiphon's ist eben, wenn sie sich auch häufig symmetrisch aufbaut, doch eine einfache und wie seine ganze Diktion weit entfernt von der gekünstelten und geglätteten des Isokrates. Teilweise erkennt dies Hoppe auch wieder an, wenn er S. 40 sagt: cum igitur Antiphontis non tam interfuerit, ut verborum ambitus faceret argutos benequo circumscriptos, quam ut quae sentiret, aperte ac dilucide exponeret judicesque in suas sententias abduceret, interdum a proposita loquendi ratione aberravit.

Demgemäß glaube ich, daß es lohnender sein wird, sich bei der Betrachtung der antiphonteischen Satzbildung auf den sprachgeschichtlichen Standpunkt zu stellen, wenn natürlich auch manche Berührung mit der antiphonteischen Rhetorik nicht zu vermeiden sein wird; und zwar werde ich erstens behandeln, was auf den ältern Sprachzustand hinweist, besonders paratatische und korrelative Satzverbindung; zweitens werde ich Unregelmäßigkeiten und Besonderheiten der Satzbildung betrachten, wie sie besonders aus der Unfertigkeit der Sprache für rednerische Zwecke und speziell aus der Unfertigkeit des hypotaktischen Satzgefüges sich ergeben.

Die ursprünglich parataktische Art der Verknüpfung der Sätze hat sich nicht nur bei Antiphon, sondern auch in der übrigen griechischen Literatur noch erhalten in dem bekannten Gebrauch von μέν — δέ. Es wird durch diese Partikeln die κατ' ἐξοχήν rhetorische Figur der Antithese eingeleitet, welche bei Antiphon, wie überhaupt zu seiner Zeit die größte Ausdehnung hat. In Folge der häufigen Anwendung dieser Figur nun blieb μέν und δέ auch da, wo wir die Unterordnung des einen Gedankens unter den andern erwarten, und wie für das temporale, so hat sich auch für das adversative „während" im Griechischen keine Conjunktion entwickelt. Merkwürdig ist, daß nicht blos der Satz mit μέν die Nebenbestimmung enthalten kann, sondern häufig auch der mit δέ. Vgl. Krüger § 69, 17, 3. Dieser Gebrauch geht bei Antiphon so weit, daß das eine Glied gar nicht als notwendig erscheint, sondern nur zur Verstärkung des rhetorischen Effekts hinzugesetzt wird.

Die Hauptbestimmung im zweiten Glied haben wir II δ 1: ἑκὼν ἐμαυτὸν ἐγχειρίζω τῇ - τούτων ἔχθρᾳ, δεδιὼς μὲν τὸ μέγεθος τῆς διαβολῆς. πιστεύων δὲ τῇ ὑμετέρᾳ γνώμῃ.

III γ 4 τῷ μὲν οὖν δικαίῳ πιστεύων ὑπερορῶ τῆς — ἀπολογίας, τῇ δὲ σκληρότητι τοῦ δαίμονος ἀπιστῶν ὀρρωδῶ μὴ οὐ μόνον 2c. „Ob zwar ich im Vertrauen auf mein Recht von der Verteidigung absehen kann, so fürchte ich doch" 2c.

Aehnlich V 35: ζῶν μὲν γὰρ ὁ ἀνὴρ διὰ τῆς αὐτῆς βασάνου ἰὼν ὑπ' ἐμοῦ κατήγορος ἂν ἐγίγνετο τῆς τούτων ἐπιβουλῆς, τεθνεὼς δὲ 2c.

V 47: καὶ τῶν ἄλλων λόγων τῶν ἐκείνου τουτουσὶ κριτὰς ἠξιώσατε γενέσθαι, τῶν δὲ ἔργων αὐτοὶ δικασταὶ ἐγίγνεσθε.

Dem Sinn nach vollständig überflüssig ist das erste Glied in V 67: τοῦτο μὲν τοὺς ἀποθανόντας, τοῦτο δὲ τοὺς ἀποκτείναντας οὐχ εὑρεθέντας, ähnlich V 82. Umgekehrt steht die Hauptbestimmung im ersten Glied und ist das zweite unterzuordnen V 70: καὶ ὁ ἀνὴρ ἀπελύθη — παραδεδομένος ἤδη τοῖς ἕνδεκα, οἱ δ' ἄλλοι ἔθνησαν οὐδὲν αἴτιοι ὄντες (ohne vorausgehendes μέν). In III β 7 ἀλλὰ πάντα ὀρθῶς — τοῦ σκοποῦ τυχεῖν ist der Zusatz ἔπαθε δὲ 2c. insofern nicht nötig, als es gar nicht darauf ankommt, darzustellen, was der Angeklagte erlitten, sondern nur darauf, nachzuweisen, daß er die inkriminierte That nicht gethan. Doch kann der Zusatz als Steigerung gelten.

Geradezu überflüssig und nichtssagend aber ist der beigefügte Gegensatz in V 54: ἔπειτα ἐνθυμεῖσθε ὅτι διάφορον ἦν τὸ γραμματείδιον τῷ βασανισθέντι, διάφορος δ' ὁ ἄνθρωπος τῷ γραμματειδίῳ (ohne vorausgehendes μέν). Es ist freilich sehr wahrscheinlich, daß wir es hier mit einer unechten Stelle zu thun haben. Der zweite Teil bringt absolut nichts Neues oder auch nur eine Steigerung; es ist der zweite Teil inhaltlich dasselbe wie der erste, nur etwas anders gewendet. Vgl. I 5 τοῦ μὲν ἐκ προβουλῆς ἀκουσίως ἀποθανόντος, τῆς δὲ ἑκουσίως ἐκ προνοίας ἀποκτεινάσης. Aber auch, wo ein neuer Gedanke durch den zweiten Teil angefügt wird, gehört er häufig, wie schon aus den oben angeführten Beispielen ersichtlich, nicht zur Sache, ja er ist sogar unpassend. Antiphon wendet dergleichen freilich nicht ohne Absicht an, um sich den Schein zu geben, etwas Belangreiches und für die Anklage oder Verteidigung Wichtiges gesagt zu haben. Diese Antithesenmanier verführt aber sogar dazu, daß sich ein Schriftsteller unvermerkt etwas entschlüpfen läßt, was dem Zweck seiner Rede oder Darstellung genau genommen zuwider ist. Man vergleiche dazu besonders Thuk. I 120 ἀνδρῶν γὰρ σωφρόνων — ἀδικεῖσθαι und Stein, Einleitung LXXXII: „So mag auch an den umgekehrten Fall erinnert werden, daß Thukydides mitunter eine parallele Wortstellung weiter durchführt als es dem Gedankeninhalt entspricht, vgl. zu I 32 2, 69 6, 138 3, II 61 4, 74 3, Blaß I 232." Es scheint mir überhaupt noch nicht gehörig hervorgehoben zu sein, was Thukydides dem Einfluß der Rhetorik verdankt. Für eine andere Eigentümlichkeit des thukydideischen Stils bemerkt dies schon Spengel συναγ. τεχνῶν p. 53 sehr richtig. Ich erlaube mir beiläufig zu bemerken, daß auch bei Isokrates paneg. 8 die Worte τά τε μεγάλα ταπεινὰ ποιῆσαι καὶ τοῖς μικροῖς μέγεθος περιθεῖναι auf einem ganz ähnlichen Versehen des Rhetors beruhen. Blaß bemerkt dazu II 183: „— die Stelle des Proömiums, auf die schon der Verfasser der Schrift περὶ ὕψους aufmerksam macht, wo Isokrates die Kraft der Rede rühmt, daß sie Großes klein und Kleines groß könne erscheinen machen. **Denn das ist ja geradezu eine voran errichtete Warnungstafel, bei der folgenden Vergleichung Athens und Spartas ja nicht der Darstellung des Redners zu glauben, sondern die Wahrheit auf der anderen Seite zu suchen.** Man versteht schon, daß dies dem Verfasser selbst entging." Doch kehren wir zu unserm Thema zurück. Leider muß ich mir ein weiteres Eingehen auf die Antithesen Antiphons versagen, da ihr Gebrauch ein so häufiger ist, daß man darüber eine besondere Abhandlung schreiben könnte, besonders aber, weil dies zu sehr in die rhetorische Technik des Redners hinübergreifen würde.

Als interessant für die Geschichte der Rhetorik will ich nur noch anführen, daß wir schon bei Herodot dergleichen nur rhetorischen Zwecken dienende Zusätze haben in der Construktion mit ἤ — ἤ, vgl. VI 67: ὁ δὲ (Δημάρητος) ἀλγήσας τῷ ἐπειρωτήματι εἶπε φὰς αὐτὸς μὲν ἀμφοτέρων ἤδη πεπειρῆσθαι, κεῖνον δὲ οὔ, τὴν μέντοι ἐπείρωτησιν ταύτην ἄρξειν Λακεδαιμονίοισι ἢ μυρίης κακότητος ἢ μυρίης εὐδαιμονίης und dazu Stein: „der Redner nimmt bloß das erste Glied ernstlich; das andere bildet den rhetorischen Kontrast. Vgl. V 89, VII 8 γ, VIII 68 γ, Hom. Jl. I 79, Soph. Aj. 131 rc." Aus Antiphon will ich nur noch einige Stellen zur Vergleichung mit dem Obengesagten zitieren: I 5, 6, III γ 3, IV γ 4, V 65, 82. Besonders gefühlt wird das Verhältnis der Unterordnung des einen Teils unter den andern dann, wenn der Antithese eine Negation vorausgeht, die sich nicht auf das erste, sondern ausschließlich auf das zweite Glied bezieht, oder wenn die Antithese abhängig wird von einem andern Satz, vgl. Ant. V 63 und fragm. 51. Doch ist dieser Gebrauch so bekannt, daß ich mich jeder weiteren Auseinandersetzung darüber enthalten darf.

Einen anderen merkwürdigen Fall, der in dem Gebrauch der Antithese seine Erklärung findet, haben wir bei Antisthenes Ajas 2: τὸ μὲν οὖν σῶμα τοῦ Ἀχιλλέως ἐκόμισα ἐγὼ φέρων, τὰ δὲ ὅπλα ὅδε, ἐπιστάμενος ὅτι οὐ τῶν ὅπλων μᾶλλον ἐπεθύμουν οἱ Τρῶες ἀλλὰ τοῦ νεκροῦ κρατῆσαι. Augenscheinlich bezieht sich ἐπιστάμενος nicht auf ὅδε, sondern über den Satz mit ὅδε hinweg zurück auf ἐγώ, was eben auch nur dadurch ermöglicht wird, daß τὰ δὲ ὅπλα ὅδε als untergeordnet gedacht wird oder hier gewissermaßen in Parenthese stehend. Vgl. übrigens die Betrachtung der Parenthese weiter unten.

Wir haben schon oben Beispiele dafür gehabt, daß μέν — δέ nicht bloß Sätze, sondern auch bloße Wörter oder Begriffe einander gegenüberstellt.

Dies geschieht bei Antiphon mit Vorliebe selbst bei Wörtern, die an und für sich gar nicht gegensätzlich sind, ja sogar bei demselben anaphorisch wiederholten Wort. Curtius Gr. § 628.

In der abusuellen Verwendung von $\mu\acute{e}\nu - \delta\acute{e}$ zeigt sich die antiphonteische Sophistik besonders groß. So ist II γ 8 in $\varepsilon i\varkappa\acute{o}\tau\omega\varsigma\ \mu\grave{e}\nu,\ \mathring{a}\nu o\sigma\acute{\iota}\omega\varsigma\ \delta\grave{e}\ \mathring{a}\pi\acute{e}\varkappa\tau\varepsilon\iota\nu\varepsilon$ gewiß ein Gegensatz gar nicht vorhanden. Einen reinen Sophismus haben wir in II β 10 $\varepsilon i\varkappa\acute{o}\tau\omega\varsigma\ \mu\grave{e}\nu,\ \mathring{o}\nu\tau\omega\varsigma\ \delta\grave{e}\ \mu\grave{\eta}\ \mathring{a}\pi\acute{e}\varkappa\tau\varepsilon\iota\nu\alpha$. Es wird hier so dargestellt, als ob es einen Angeklagten nur entlasten könnte, wenn alle Verdachtsgründe auf ihn führen; denn damit hätte er die That w a h r s c h e i n l i c h gethan und nicht w i r k l i c h. Damit ist zugleich behauptet, daß er die That w i r k l i c h n i c h t gethan habe. Mit andern Worten: Es wird die Wahrscheinlichkeit, aber n i c h t d i e W i r k l i c h k e i t der That behauptet, aus den Worten wird aber zu gleicher Zeit die N i c h t w i r k l i c h k e i t der That gefolgert. Es liegt also das Doppelzüngige und Doppeldeutige dieses Ausdrucks in der Beziehung von $\mu\acute{\eta}$, das genau genommen auf $\mathring{o}\nu\tau\omega\varsigma$ bezogen werden muß, seiner Stellung nach aber auf $\mathring{a}\pi\acute{e}\varkappa\tau$. bezogen werden kann, so daß der Angeklagte mit diesen Worten dem Kläger imputiert, er selbst spreche ihn von der Schuld los. Man muß dies als eine höchst sophistische Unterstellung betrachten. Im Uebrigen kann ich auch hierauf nicht weiter eingehen, da auch das in eine Darstellung der antiphonteischen Rhetorik und Sophistik gehört. Ich will zur Vergleichung nur noch hinweisen auf II α 6 ($\varepsilon i\varkappa\acute{o}\tau\omega\varsigma\ \mu\grave{e}\nu - \varepsilon i\varkappa\acute{o}\tau\omega\varsigma\ \delta\acute{e}$), IV β 3 ($\mathring{v}\pi'\ \mathring{\varepsilon}\mu o\tilde{v}\ \mu\grave{e}\nu - \delta\iota\varkappa\alpha\acute{\iota}\omega\varsigma\ \delta\acute{e}$) III β 10 ($\mu\tilde{a}\lambda\lambda o\nu\ \mu\grave{e}\nu\ o\mathring{v}\delta\grave{e}\nu - \mathring{o}\mu o\acute{\iota}\omega\varsigma\ \delta\grave{e}\ \tau o\acute{v}\tau\omega$), III β 3 ($\mathring{\varepsilon}\beta\alpha\lambda\varepsilon\ \mu\grave{e}\nu - o\mathring{v}\varkappa\ \mathring{a}\pi\acute{e}\varkappa\tau\varepsilon\iota\nu\varepsilon\ \delta\acute{e}$), IV γ 4 ($\mathring{o}\ \mu\grave{e}\nu\ \pi\alpha\tau\acute{a}\xi\alpha\varsigma - \mathring{o}\ \delta\grave{e}\ \vartheta\alpha\nu\alpha\sigma\acute{\iota}\mu\omega\varsigma\ \tau\acute{v}\pi\tau\omega\nu$), V 79 ($\mathring{\eta}\lambda\lambda\acute{a}\xi\alpha\nu\tau o\ \mu\grave{e}\nu - \mathring{\varepsilon}\pi\varepsilon\tilde{\iota}\delta o\nu\ \delta\acute{e}$) zc.

Was den Gebrauch jeder einzelnen dieser beiden Partikeln betrifft, so kann ich für $\mu\acute{e}\nu$ verweisen auf Mätzner zu II α 7, Blaß I 125, auf das Programm von Wetzell: Beiträge zu dem Gebrauche einiger Partikeln bei Antiphon, Frankfurt a/M. 1879, S. 10 ff., in welchem sich die Angabe der umfangreichen Literatur über die betreffenden Partikeln findet, und Hoppe S. 38. Letzterer stellt die Fälle zusammen, in welchen auf $\mu\acute{e}\nu$ das erwartete $\delta\acute{e}$ fehlt, für das doppelt gesetzte $\mu\acute{e}\nu$ gibt er an V 30, VI 9, fragm. 50. Ich füge hinzu IV β 2: $\varepsilon i\ \mu\grave{e}\nu\ \sigma\iota\delta\acute{\eta}\rho\omega\ \mathring{\eta}\ \lambda\acute{\iota}\vartheta\omega\ \mathring{\eta}\ \xi\acute{v}\lambda\omega\ \mathring{\eta}\mu v\nu\acute{a}\mu\eta\nu\ \alpha\mathring{v}\tau\acute{o}\nu,\ \mathring{\eta}\delta\acute{\iota}\varkappa o v\nu\ \mu\grave{e}\nu\ o\mathring{v}\delta'\ o\mathring{v}\tau\omega\varsigma$ und V 54 $\mathring{o}\tau\iota\ \mu\grave{e}\nu\ \mu\alpha\varkappa\rho\grave{o}\nu\ \varepsilon\mathring{\iota}\eta\ \pi\rho\tilde{a}\gamma\mu\alpha,\ \tau o\tilde{v}\tau o\ \mu\grave{e}\nu\ \mathring{a}\nu\ \tau\iota\varsigma\ \mathring{a}\nu\alpha\gamma\varkappa\alpha\sigma\vartheta\varepsilon\acute{\iota}\eta\ \gamma\rho\acute{a}\psi\alpha\iota$ (freilich steht das zweite $\mu\acute{e}\nu$ nur in cod. N.). Es ist dieses $\tau o\tilde{v}\tau o\ \mu\acute{e}\nu$, auf welches ein $\tau o\tilde{v}\tau o\ \delta\acute{e}$ folgt, nicht zu verwechseln mit dem adverbial gebrauchten $\tau o\tilde{v}\tau o\ \mu\acute{e}\nu - \tau o\tilde{v}\tau o\ \delta\acute{e}$, das bei Antiphon sehr häufig ist. Das $\mu\acute{e}\nu$ in den obenangeführten Fällen steht gerade wie $\delta\acute{e}$ V 42 $\tau o\tilde{\iota}\varsigma\ \delta'\ \mathring{\varepsilon}\pi\grave{\iota}\ \tau o\tilde{v}\ \tau\rho o\chi o\tilde{v}\ \lambda\varepsilon\gamma o\mu\acute{e}\nu o\iota\varsigma,\ o\mathring{v}\varsigma\ \mathring{\varepsilon}\varkappa\varepsilon\tilde{\iota}\nu o\varsigma\ \mathring{a}\nu\acute{a}\gamma\varkappa\eta\ \mu\tilde{a}\lambda\lambda o\nu\ \mathring{\eta}\ \mathring{a}\lambda\eta\vartheta\varepsilon\acute{\iota}\alpha\ \mathring{\varepsilon}\lambda\varepsilon\gamma\varepsilon,\ \tau o\acute{v}\tau o\iota\varsigma\ \delta\grave{e}\ \delta\iota\eta\gamma\acute{e}\rho\varepsilon\tau o$ zur Wiederaufnahme der gleichen Partikel im Vordersatz. Beides findet sich auch bei Herodot, vgl. Matthiä § 622 5 und Her. III 69 ($\mathring{\eta}\nu\ \delta\grave{e} - \sigma\grave{v}\ \delta\acute{e}$), V 37, VI 58, VII 157, 159, VIII 115, IX 60, IV 99.

Ganz zu vergleichen mit diesem Gebrauch von $\mu\acute{e}\nu$ sind Fälle wie Ant. VI 12 $\pi\rho\tilde{\omega}\tau o\nu\ \mu\grave{e}\nu - \mathring{\varepsilon}\gamma\grave{\omega}\ \mu\grave{e}\nu\ o\mathring{v}\nu$, Wetzel S. 12 zc. Von dem Gebrauch des epanaleptischen $\delta\acute{e}$ aber ist wohl zu unterscheiden das sogenannte $\delta\acute{e}$ apodotcon, für welches ich verweise auf die Abhandlung von Nieberding: „Ueber die paratatische Anknüpfung des Nachsatzes in hypotaktischen Satzgefügen, insbesondere bei Homer", Groß-Glogau 1882. Bei Antiphon habe ich es nur gefunden VI 41: καὶ πρῶτον (μὲν) ὅ τοῦ βασιλέως κατηγοροῦσι καὶ διὰ τὴν ἐμὴν σπουδὴν οὔ φασιν ἐθέλειν αὐτὸν ἀπογράφεσθαι τὴν δίκην, τοῦτο δὲ καὶ αὐτῶν τούτων ἔσται τεκμήριον ὅτι ιc. und I 12: εἰ γὰρ τούτων θελόντων διδόναι εἰς βάσανον ἐγὼ δὲ μὴ ἐδεξάμην (δὲ fehlt in N. und der Aldina). Daß dieses δέ als ein Ueberrest der parataktischen Satzverbindung zu gelten hat, ist klar und wird besonders durch die Häufigkeit seines Vorkommens bei Homer und auch Herodot bestätigt. Häufig korrespondiert diesem δέ ein μέν im Vordersatz. Für Herodot vergleiche V 40 ἐπεὶ – σὺ δέ, III 36 εἰ μέν οἱ δέ, III 68, IV 3, 65, 68, 123, 126, V 1, 73, VI 30, 52, VII 51, IX 6, 48, 63, 70. Für das δέ apodedicon bei den Attikern finden sich ebenfalls in der Nieberding'schen Abhandlung zahlreiche Beispiele. Speziell bei den Rednern ist sein Vorkommen selten, häufiger dagegen das epanaleptische δέ nach einem δέ im Vordersatz, Lys. XIV 21, Isocr. IV 176, VIII 125, XV 305, XVIII 58, Dem. XX 57, 80, XXI 100, XXVIII 6, XLVIII 39, XVIII 126. Doch kommt Nieberding S. 28 zu dem Resultat: „Ist der Vordersatz eines hypotaktischen Satzgefüges durch δέ eingeleitet und der Nachsatz ebenso, so dient δέ im Nachsatz nicht nur dazu, den schon im Vordersatz bezeichneten Gegensatz zum Vorangehenden noch einmal hervorzuheben (epanaleptisch), sondern es stellt bisweilen auch in diesem Falle zugleich den Nachsatz seinem Vordersatze gegenüber (apodotisch)".

Nichts bezeichnet deutlicher, daß die Uebergangsstufe von der parataktischen Satzbildung zur eigentlichen Periode noch nicht überwunden ist, als die Einfügung erläuternder Satzglieder mit γάρ zu Anfang eines größeren Satzes, wie sie sich bei Homer, Herodot und häufig auch bei Thukydides findet. Bei Antiphon war mir nur ein Beispiel zu entdecken möglich I 11: νῦν δ' ἐγὼ γάρ εἰμι τοῦτο μὲν ὁ θέλων αὐτὸς βασανιστὴς γενέσθαι, τοῦτο δὲ τούτους αὐτοὺς κελεύων βασανίσαι ἀντ' ἐμοῦ, ἐμοὶ δήπου εἰκὸς (τὰ) αὐτὰ ταῦτα τεκμήρια εἶναι ὡς εἰσὶν ἔνοχοι τῷ φόνῳ. Doch gehört vielleicht auch I 4: ὑμεῖς γάρ μοι ἀναγκαῖοι hierher, was weiter unten noch näher besprochen werden soll.

Dagegen finden wir bei Antiphon Parenthesen anderer Art. So kann ein beigesetzter inf., wie wir ihn kennen gelernt haben, oft als in Parenthese stehend gedacht werden, vgl. Ant. V 4 αἰτήσομαι ὑμᾶς, οὐχ ἅπερ οἱ πολλοὶ τῶν ἀγωνιζομένων—ἀκροᾶσθαι σφῶν αὐτῶν—αἰτοῦνται. Ich habe hier gleich, was mir als Parenthese gilt, durch Gedankenstriche eingeschlossen. Doch auch andere Ausdrücke: I 6 ἐν οἷς μὲν γὰρ αὐτῷ ἐξουσίᾳ ἦν σαφῶς εἰδέναι —παρὰ τῆς βασάνου—οὐκ ἐθέλησεν. Als Einschiebsel, welche die Construktion des Satzes nicht unterbrechen, kann man auch betrachten φανερὸν ὅτι II δ 2, β 10 (III β 1), σαφὲς ὅτι IV γ 5, auch θαυμάζω ὅτι IV γ 5. Ganze Sätze als Parenthese ebenfalls IV γ 5 und öfter. An den Schluß des Satzes gestellt finden wir solche einfach erklärende Zusätze: V 10 ἐνταυθοῖ πεποιήκασιν τὴν κρίσιν—ἐν τῇ ἀγορᾷ, 17 ἐμοὶ μόνον ἐπέλιπε—μὴ ὠφελεῖσθαι τοῦδε τοῦ νόμου. Ist ein solcher Zusatz in der Form eines Nomens gerichtet nach der Construktion des ihn einschließenden oder ihm vorausgehenden Satzes, so erscheint er als Apposition. Diese Appositionen werden in weit freierer Weise angewendet wie später. VI 28 πίστιν ταύτην σαφεστάτην ἀπέφαινον, τοὺς μάρτυρας τοὺς καταμαρτυροῦντας, 31 ἀποφαίνω—δύο τὼ μεγίστω καὶ ἰσχυροτάτω, τούτους μέν—ἐξελεγχομένους, ἐμὲ δὲ—ἀπολυόμενον, vgl. 48. Besonders auffällig in der dem Alkidamas zugeschriebenen Rede Ὀδυσσεὺς κατὰ Παλαμήδους 27: μέτρα δὲ καὶ σταθμὰ ἐξεῦρε, καπήλοις καὶ ἀγοραίοις ἀνθρώποις ἀπάτας καὶ ἐπιορκίας, πεττούς γε μήν, τοῖς ἀργοῖς τῶν ἀνδρῶν ἔριδας καὶ λοιδορίας. Daraus erklärt sich auch das adverbial gebrauchte χάριν, πρόφασιν und andere, vgl. Delbrück: Syntaktische Forschungen IV 37: „Bei Homer erscheint nicht selten γέρων χάριν als Appositionssatz, z. B.: μή μοι σύγχεε θυμὸν ὀδυρόμενος καὶ ἀχεύων Ἀτρείδῃ ἥρωι φέρων χάριν I 611. Es erscheint aber auch χάριν allein, ohne φέρων, in gleicher Verwendung, nicht als ob φέρων einfach weggelassen wäre, sondern indem man χάριν „als eine Gefälligkeit"" in freier Weise als Apposition zu der in einem ganzen Satz ausgedrückten Handlung auffaßt, z. B. — O. 744. Man könnte den nom. χάρις erwarten, der aber offenbar deßhalb nicht gesetzt ist, weil nicht in einer Person, sondern in der von dieser vollzogenen Handlung — also dem Nicht-Subjekt — die Gefälligkeit gegen Hektor beruht. In diesem appositionellen Gebrauche ist nun χάριν selbständig geworden und von den übrigen Casus isoliert".

Auch Nebensätze werden in dieser Weise zugesetzt. Wir haben dann immer ein „nämlich" zu ergänzen. VI 10 ἐγὼ δὲ ἐπίσταμαι τὴν ὑμετέραν γνώμην, ὅτι οὔτ᾿ ἂν καταψηφίσαισθε οὔτ᾿ ἂν ἀποψηφίσαισθε κ. Dazu Dem. XXIII 23 ὡς δ᾿ ἄν μοι δοκεῖτε τοὺς περὶ τοῦ παρανόμου λόγους αὐτοὺς ῥᾷστα μαθεῖν, τοῦθ᾿ ὑμῖν φράσω, εἰ κ., ebenso XXIII 11: ἐσκόπουν οὖν τίν᾿ ἂν τρόπον ἡσυχίαν μὲν ἔχειν ἀναγκασθεῖεν οὗτοι --, εἰ πρῶτον μὲν κ. Aehnlich XXIV 10.

Es erklärt sich aus solchen Fällen das Entstehen der Prolepsis. Betrachten wir Ant. V 63: καὶ μὲν δὴ καὶ τῆς χρείας τῆς ἐμῆς καὶ τῆς Λυκίνου τοῦτο ὑμῖν μέγιστον τεκμήριόν ἐστιν, ὅτι οὐ σφόδρα ἐχρώμην ἐγὼ Λυκίνῳ φίλῳ, so erkennen wir, daß das Streben, das Wichtigste vorerst auszusprechen und dann die genauere Erklärung folgen zu lassen, der Entstehungsgrund dieser Construktion ist. Ebenso verhält er sich in den bekannten Fällen, in welchen das zum übergeordneten Verbum gestellte Objekt logisches Subjekt des abhängigen Satzes ist. Man hört häufig die Erklärung, es sei das Subjekt des Nebensatzes als Objekt in den Hauptsatz gezogen, die richtige Erklärung aber ergibt sich aus der hier erörterten Entstehung der Construktion. Spengel sagt darüber συναγ. τεχν. p. 9: naturalis enim illa dicendi facultas—quod proxime in mentem venit, id omni effundit vi. So kann es kommen, daß der wichtigste Begriff vorausgeschoben wird, um, wie in unserer Stelle, durch den beigefügten Nebensatz modifiziert, ja selbst aufgehoben zu werden, vgl. 83: ἃ ἐγὼ ἀξιῶ μεγάλα μοι τεκμήρια εἶναι τῆς αἰτίας, ὅτι οὐκ ἀληθῆ μου οὗτοι κατηγοροῦσιν, womit aus dem Lateinischen zu vergleichen Caes. de b. G. I 39 non se hostem vereri, sed angustias itineris, magnitudinem silvarum quae intercederent — aut rem frumentariam ut satis commode apportari posset, timere dicebant. Nach Ziemer „Junggrammatische Streifzüge" S. 74 ist dies allerdings zu erklären aus einer formalen Ausgleichung mit den ersten drei Objekten. Andere Beispiele der Prolepsis bei Antiphon haben wir III δ 5 τὸ ἔργον ἔτι φανερώτερον καταστῆσαι ὁποτέρου αὐτῶν ἐστιν, V 31 προσέχετε—τὸν νοῦν αὐτῇ τῇ βασάνῳ οἷα γεγένηται. VI 2 τοὺς νόμους μαθεῖν εἰ καλῶς ἔχουσιν ἢ μή. VI 16 χρὴ σκοπεῖν ἅ τε οὗτοι διωμόσαντο καὶ ἃ ἐγώ, πότεροι ἀληθέστερα καὶ εὐορκότερα. Aus Demosthenes möchte ich einige auffällige Beispiele anführen LIV 17 οἱ μὲν γὰρ νόμοι — καὶ τὰς ἀναγκαίας προφάσεις, ὅπως μὴ μείζους γίγνωνται, προείδοντο; LIII (unecht) § 13 ἀπορούμενος ἐγὼ τοῖς πράγμασι νέος ὢν ὅτι χρησαίμην.

Als eine weitere Eigentümlichkeit der ältesten Sprache haben wir ebenfalls die Vorliebe für die Darstellung mittelst der oratio directa zu betrachten. Man wiederholte eben ursprünglich die Worte eines andern in der Form, in welcher sie gesprochen waren. Bei Homer wird man die or. obl. kaum weiter ausgedehnt finden als auf einen Satz; dann folgt sofort der Uebergang in die direkte Rede. Die Erklärung ist naheliegend; es ist eben der erste Satz der oratio obl. abhängig wie ein gewöhnlicher acc. cum inf. von dem vorangestellten verbum dicendi und es entsteht nach meiner Ansicht die durch die ganze Rede beibehaltene Form der oratio obl. eben dadurch, daß jeder inf. und jeder acc. des Subjekts in den Hauptsätzen der or. obl. direkt abhängig gefaßt wird von dem an der Spitze stehenden verbum dicendi. So kommen wir also auch hier zu dem Ergebnis, daß der auch bei den Attikern häufig sich zeigende Umschlag der or. obl. in die dir. schon in der ursprünglichen Art des Ausdrucks begründet ist. Ich habe bei dem acc. cum inf. schon erwähnt, daß bei Herodot die or. obl. einen großen Raum einnimmt, doch findet sich auch bei ihm der plötzliche und unvermittelte Uebergang in die or. dir.; weniger ist dies letztere bei Antiphon der Fall; vielleicht ließe sich VI 22 hierher ziehen ἔλεξα ὅτι—οὐ δικαίως αὐτὸν προκαθισταίη Φιλοκράτης — ἃ μέντοι αἰτιῷτο καὶ διαβάλλοι, ῥᾳδίως ἐξελεγχθήσοιτο ψευδόμενος. εἶεν γὰρ οἱ συνειδότες πολλοί ꝛc. Hier ist der opt. auffallend, man erwartet dafür den acc. cum inf. Doch vergleiche Mätzner zu dieser Stelle. Dagegen können wir von dem Sophisten Antiphon ein treffendes Beispiel des besprochenen Uebergangs von der or. obl. in die dir. anführen aus Fragment 128: ὁ δ᾽ αὐτὸν ἐκέλευε μὴ φροντίζειν, ἀλλὰ νομίζειν αὑτῷ εἶναι καὶ μὴ ἀπολωλέναι καταθέμενον λίθον εἰς τὸ αὐτὸ χωρίον· πάντως γὰρ οὐδ᾽ ὅτε ἦν σοι ἐχρῶ αὐτῷ, ὅθεν μηδὲ νῦν νόμιζε στέρεσθαι μηδενός. Es ist bekannt, daß dieser Uebergang auch später noch sehr häufig stattfindet. Im Gegensatz zu dem obigen Beispiel, in welchem man den opt. in den Hauptsätzen der or. obl. hat, findet man den inf. auch in Nebensätzen, bei Herodot nicht selten in Relativ=, Temporal=, Causal=, Comparativ=, Conditional=, Consekutivsätzen, vgl. Kühner § 594, 5. Bei Antiphon kommt nur II δ 5 in Betracht ἐγὼ δὲ οὐδένα οὕτω θερμὸν καὶ ἀνδρεῖον ἄνθρωπον εἶναι δοκῶ, ὅντινα οὐκ—φεύγειν. Später beschränkt sich dieser Gebrauch. Dem. VII 33: ἔφη — τοσαῦτα ὑμᾶς ἀγαθὰ ποιήσειν, ἃ γράψειν ἂν ἤδη ꝛc. XXIII 117: ἐκεῖνόν φασιν εἰπεῖν, ὅτι πίστιν ἂν οἴεται γενέσθαι μόνην, εἰ δείξειαν, ὅπως, ἂν ἀδικεῖν βούλωνται, μὴ δυνήσονται, ἐπεὶ ὅτι γ᾽ ἀεὶ βουλήσονται, εὖ εἰδέναι. XLIV 10.

Einer andern Erklärung scheint der inf. nach οἷος und ἐφ᾽ ᾧτε zu bedürfen. Diese beiden Ausdrücke stehen manchmal an Stelle von ὥστε, dem ja die zweifache Bedeutung vom allgemein konsekutiven ut und von ea conditione ut zukommt. Dem. XLI (unecht) 41: καὶ τὸ τελευταῖον διελύθησαν, ἐφ᾽ ᾧτε — μήτε κακόνουν εἶναι, τῶν τε πρὸς ἀλλήλους ἐγκλημάτων ἀπηλλάχθαι. XX 158 ἔθηκαν ἐφ᾽ οἷς ἐξεῖναι ἀποκτιννύναι. Vgl XXI 3 χρήματ᾽ ἐξὸν μοι λαβεῖν, ὥστε μὴ κατηγορεῖν, VI 11 ἐξὸν αὐτοῖς λοιπῶν ἄρχειν Ἑλλήνων, ὥστ᾽ αὐτοὺς ὑπακούειν βασιλεῖ. Ferner mit οἷος XIII unecht 19 εἰ δέ τις καὶ τοιοῦτός ἐστιν, οἷος ἐγχειρεῖν ἔργῳ τῳ, XXV 39, 40, XXI 46, 202. Hierher sind auch Relativsätze zu ziehen und auch das obige Beispiel aus Antiphon II δ 5 findet vielleicht hier eine geeignetere Stelle. Vgl. Dem. XXIII 194, XXXI 11, LX (unecht) 21.

Ist von diesem Sprachgebrauch bei Antiphon nur wenig zu bemerken, so finden wir eine andere Erscheinung desto häufiger, die ihren Grund ebenfalls in dem Gebrauch der or. dir. hat. Es werden nämlich manchmal die Worte der Gegner ohne ein einleitendes Verbum des Sagens in direkter Form gesetzt oder der Redner spricht manchmal im Sinne der Gegner, so daß zu ergänzen ist: „wie sie (die Gegner) behaupten oder meinen". II δ 2 κατήγοροι γὰρ καὶ τιμωροὶ φόνου προσποιούμενοι εἶναι, ὑπεραπολογούμενοι τῆς ἀληθοῦς ὑποψίας ἁπάσης ϰ. (sie behaupten das nur). V 26 καὶ τοῦτο μὲν ἀκριβῶς ἴσασι. Es tritt dies in der Form der Erzählung nach der Aussage der Gegner auf; doch kann man es auch als ironische Ausdrucksweise betrachten. Vgl. dagegen V 44, wo der Satz ausdrücklich als Aussage der Gegner bezeichnet ist: καὶ ἀπέθανε μὲν ὁ ἀνὴρ οὑτωσὶ ἐγγὺς τῆς θαλάσσης καὶ τῶν πλοίων, ὡς ὁ τούτων λόγος ἐστίν. Ebenso VI 26 ἐγὼ ὁ τὴν αἰτίαν ἔχων καὶ ἀδικῶν, ὡς οὗτοί φασιν. Freilich trägt zur Erklärung derartiger Redeweisen auch die oben erörterte Bedeutung des indicativus viel bei; wenn wir bei Gorg. Palam. 7 lesen: ἀλλὰ δὴ τοῦτο τῷ λόγῳ δυνατὸν γενέσθω. καὶ δὴ τοίνυν σύνειμι καὶ σύνεστι κἀκεῖνος ἐμοὶ κἀκείνῳ ἐγώ, so ist dies die Behauptung der Gegner, welche von dem Redner für einen Augenblick als wahr angenommen wird. Es muß natürlich diese Art des Ausdrucks, wenn Mißverständnisse vermieden werden sollen, vorsichtig angewendet werden; man muß sich vorstellen, daß beim Reden besonders durch den Ton der Stimme dem richtigen Verständnis nachgeholfen wurde. Auch bei Demosthenes zeigen sich besonders in den älteren Reden derartige bemerkenswerte Stellen. LI 19: δεινὰ πάσχουσι καὶ θρασὺν εἶναί φασιν. Auch wir Deutsche können uns so ausdrücken, pflegen aber in der Schrift Anführungsstriche zu setzen, um eine Aeußerung als die eines andern zu bezeichnen. Dem. LV 32: κἂν μὲν ἐγὼ ἀποστῶ τούτοις ἀποδόμενος ἢ πρὸς ἕτερα χωρία ἀλλαξάμενος, οὐδὲν ἀδικεῖ Κάλλαρος· ἂν δ' ἐγὼ μὴ βούλωμαι τἀμαυτοῦ τούτοις προέσθαι, πάντα τὰ δεινότατα ὑπὸ Καλλάρου πάσχουσιν οὗτοι ϰ.

Von der Aussage des Redners selbst gilt Dem. LVII 12: καὶ ὅτι γνοίησαν περὶ ἐμοῦ, τούτοις ἤθελον ἐμμένειν „ich erklärte mich bereit". Hiemit ist Ant. VI 38 zu vergleichen: δίκην ἕτοιμοι ἦσαν διδόναι „sie erklärten sich bereit". Auch ein Nebensatz wird im Sinne der Gegner gesprochen Dem. XXVIII 6 αὐτὴν δὲ τὴν διαθήκην, δι' ἧς—καὶ τῶν ἄλλων ἁπάντων χρημάτων ἐγίγνοντο κύριοι —, ταύτην δ' οὐκ ἐσημήναντο, wobei man ἂν zu ἐγίγνοντο ergänzen möchte, was deßwegen überflüssig ist, weil ἐγίγν. κ. Behauptung der Gegner ist. So könnte man vielleicht eine viel emendierte Stelle bei Antiphon erklären, II δ 10: ἀλλ' ἐὰν ἐλεγχθῶ, οὐδεμία ἀπολογία τοῖς διωκομένοις ἐρκοῦσά ἐστιν. So bieten die Handschriften übereinstimmend, nur pr. A. hat ἐλεγχῶ. Dafür haben die Herausgeber ληφθῶ (Blaß καταληφθῶ) oder ἁλῶ eingesetzt. Auch Spengel sagt im Rhein. Mus. XVII S. 174: „Auch mir genügen die Worte ἐὰν ἐλεγχθῶ nicht, und ich kann ihnen die Bedeutung „„wenn man mich verurteilt"" nicht zuschreiben". Könnte man aber hier nicht erklären: „wenn ich aber überführt bin, nämlich wie diese (die Gegner) mich überführt zu haben glauben? Ich unterbreite diesen Versuch der Erklärung (etwas weiteres soll es nicht sein) dem Urteil der Leser. Von Demosthenes erlaube ich mir zur Veranschaulichung des Uebergangs der or. dir. in die obl. noch einige Stellen zu zitieren: IX 47, XVIII 35, 241, XXI 26, XXII 35. Allerdings ist da von or. obl. im eigentlichen Sinne gar nicht die Rede, weil die Rede oder der Gedanke eines andern in diesen Beispielen mit ὡς und ὅτι eingeleitet wird; darauf aber folgt die Darstellung wie in direkter Rede. Daß die or. dir. auch gleich direkt durch ὅτι eingeleitet werden kann, ist bekannt; weniger bekannt dürfte sein, daß Antiphon auch ὡς dazu verwendet, was nach den Lexicis nur der Gebrauch späterer Schriftsteller ist, freilich kommt dies nur an einer Stelle vor, welche noch dazu kritisch verdächtig ist, VI 17: αἰτιῶνται δὲ οὗτοι μὲν ἐκ τούτων ὡς οὗτος ἐκέλευσε πιεῖν, wo οὗτος den Sprecher bezeichnet. Die Handschriften bieten κελεύσειε, das Baiter in ἐκέλευσε verwandelt hat. Blaß setzt in der zweiten Aufl. nach ὡς einen Stern, womit er eine Lücke statuieren will. Von ὅτι mit nachfolgender direkter Rede Stellen anzuführen halte ich für überflüssig, nur auf Dem. XXI 66 will ich aufmerksam machen, wo ὅτι nicht nach einem verbum dicendi, aber ganz nach Analogie dieser Anwendung steht: εἰ γὰρ ἑκάστῳ τῶν χορηγούντων τοῦτο πρόδηλον γένοιτο, ὅτι ἂν ὁ δεῖνα ἐχθρός ᾖ μοι, Μειδίας ἤ τις ἄλλος θρασὺς οὕτω καὶ πλούσιος, πρῶτον μὲν ἀφαιρεθήσομαι τὴν νίκην κ. Von Interesse dürfte sein ein Referat, das ich vor kurzem in der Philol. Wochenschrift 1883 Nr. 12 über eine Vorlesung von Prof. Spieker in Baltimore gefunden, worin es heißt: „Zuerst findet sich der Gebrauch (von ὅτι mit Anführungen in der direkten Rede) bei Herodot II 115. Von den Rednern weisen Antiphon, Isäus und Lykurg kein Beispiel auf, die andern nur ein bis viermal, nur Demosthenes häufiger als die andern zusammen, meistens in den Staatsreden. Thukydides gebraucht es zuweilen, Platon und Xenophon sehr oft. Zwei bemerkenswerte Fälle von ὡς in direkten Anführungen finden sich bei Dinarch (I 12 und 102); zu ihnen gesellt sich Demosthenes XII 151. Im späteren Griechisch findet sich ὡς in Plut. Them. II, es mag sich noch öfters finden, jedoch selten. Dagegen findet sich ὅτι häufiger, z. B. Nov. Test. ev. Marc. V 35, Luc. VIII 49. Kirchner bezeichnet ὡς als selten und führt kein Beispiel auf. Krüger sagt nach ὅτι einfach „nie ὡς".

Wenn wir nun zu der korrelativen Satzverbindung bei Antiphon übergehen, so ist die Häufigkeit ihrer Anwendung besonders in die Augen fallend. Ganz nach Analogie des herodoteischen Sprachgebrauchs werden auch bei Antiphon nicht blos Relativsätze, sondern auch Conditionalsätze und Participia durch οὗτος wieder aufgenommen. Ich halte es für überflüssig, die ungemein zahlreichen Beispiele, die ich vollständig gesammelt habe, sämmtlich aufzuzählen; ich will daraus nur einzelnes hervorheben. Eine auffällige Beziehung des Singul. τοῦτο auf den vorhergehenden Plural ἐν οἷς findet statt I 6, vermittelt durch οὗ — ἐν τούτῳ V 2 (umgekehrt bezieht sich ein τάδε auf ein folgendes ὅτι V 84, αὐτῶν δὲ τούτων ἕνεκα auf ὅτι VI 6, ταῦτα auf ὅτι VI 41), ebenso ἅ — τοῦτο δέ VI 41. Statt οὗτος nimmt αὐτός das Relativum wieder auf VI 10, wo zu vgl. Mätzner p. 254. Die Beispiele der Beziehung auf vorausgegangene part. sind III β 6 οἱ ἁμαρτάνοντες — οὗτοι, III γ 3 προέχων — οὗτος, IV γ 2 τὸν ἄρξαντα — τοῦτον, V 19 τὰ κατεψευσμένα — ταῦτα, besonders merkwürdig sind aber die Fälle, in welchen das Demonstrativum auf die im part. appositivum liegende Handlung so hinweist, als wäre ein inf. vorangegangen, V 37 κατειπών — διὰ τοῦτο, V 75 ἀναγκάζων — ταῦτα. V 37 bildet einen Uebergang zu den Fällen, in welchen das Demonstrativ auf einen vorausgehenden Conditionalsatz hinweist, wie III α 1 ἐὰν δέ τι — τοῦτο, V 66 ἐὰν — ἐν τούτῳ, V 78 εἰ τοῦτο.

Auch bei Demosthenes und den übrigen Rednern findet sich die Epanalepsis durch οὗτος sehr häufig, aber meist rhetorischen Zwecken dienend, gewöhnlich für das argumentum ex contrario verwendet. Vgl. Gebauer S. 3 ff. (ὅς — οὗτος), S. 33 ff. (particip—οὗτος). Für die Voranstellung von οὗτος finden sich äußerst wenige Beispiele. Gebauer S. 16 ff. (οὗτος— ὅς), S. 42 ff. (οὗτος—particip).

In der einfacheren Weise, wie sie sich bei Antiphon häufig findet (doch auch schon zum argumentum ex contr. verwendet VI 9, 42, 47, vgl. Gebauer), trifft man οὗτος nach einem Relativsatz und auch part. bei Demosthenes besonders in den früheren Reden XXIV 13 τὸν ἡττηθέντα τοῦτον, XXIII 174 ὅπως ἂν ὑμᾶς δύνασθαι νομίσῃ, οὕτω πρὸς ὑμᾶς εὐνοίως ἔχοντα, 175 ὅν — τοῦτον (dagegen ὅς — πῶς zum arg. ex contr.), XX 17 ᾧ μόνῳ κρείττους εἰσὶν αἱ παρ' ὑμῶν δωρεαί, τοῦτ' ἁμαρτεῖται ιc. Auffallend in der unechten Rede LIII § 10: τὸ χωρίον τὸ ἐν γειτόνων μοι τοῦτο. Mit Ant. V 46 καθ' ὅτι δ' ἂν ὑμεῖς ὀρθῶς γνῶτε, κατὰ τοῦτο σώζομαι, καθ' ὅτι δ' ἂν ψευσθῆτε τἀληθοῦς, κατὰ τοῦτο ἀπώλλυμαι, vgl. Dem. XX 82 καὶ ἐκεῖνο ἀνάξι' ἂν εἴη πεπονθὼς ὁ παῖς — καὶ ὃ πολλάκις ιc., 133 κατὰ τοῦτο — εἰ, XXIV 32 κατὰ τοῦτ' — εἰ — καὶ ἐκεῖνο ὅτι, 188 κατ' ἐκεῖνο — ὅτι, XVIII 108 κατ' αὐτὸ τοῦτο — ὅτι. Was die Beziehung eines demonstr. pluralis auf den sing. des Relativs bei Dem. betrifft, so kann man hierherziehen das bekannte διὰ ταῦτα — ὅτι; es ist eben hier ὅτι vollständig zur Conjunktion erstarrt.

Auch die Beziehung eines Demonstrativums auf einen Conditionalsatz ist bei Demosthenes nicht selten; auf einen inf. XXIV 60 διὰ γὰρ τὸ μὴ τελωνήσαντας ὀφείλειν αὐτοὺς — διὰ τοῦτ' οὐκ ἐφρόντισας, οἶμαι, τῶν τελωνῶν, bei Ant. V 3 scheint sich das Pronomen zugleich auf den vorhergehenden inf. und auf das folgende διότι zu beziehen und zwar in der genauen, bei Antiphon besonders beliebten Corresponsion mit dem vorhergehenden Satz, wo αὐτοῖς τούτοις nicht nur auf das vorhergehende part. Bezug nimmt, sondern auch durch das folgende erklärt wird: πολλοὶ μὲν γὰρ ἤδη τῶν οὐ δυναμένων λέγειν αὐτοῖς τούτοις ἀπώλοντο οὐ δυνάμενοι δηλῶσαι αὐτά · πολλοὶ δὲ τῶν λέγειν δυναμένων πιστοὶ γενόμενοι τῷ ψεύδεσθαι τούτῳ ἐσώθησαν διότι ἐψεύσαντο. Ich halte es also nach dem obengesagten für mindestens sehr zweifelhaft, ob διότι ἐψεύσαντο mit Dobree aus dem Text zu entfernen ist. Andrerseits wird man die Worte αὐτοῖς τούτοις — οὐ δυνάμενοι dieser Stelle wieder zu vergleichen haben mit VI 46 τούτου αὐτοῦ ἕνεκα οὐχ ἡγούμενοι, wo man statt des part. einen Satz mit ὅτι erwartet und mit dem noch auffallenderen τίνος οὖν ἕνεκα ταῦθ' ὑμᾶς ὑπέμνησα; δηλῶν (μὲν) ὅτι ιc., Gorg. Palam. 31, wo das part. einen Finalsatz vertritt. Plat. Theaet. p. 151 ἕνεκα τοῦδε — ὑποπτεύων, Phaed. p. 102 D τοῦδ' ἕνεκα βουλόμενος, Parm. initio ἐπ' αὐτὸ τοῦτο δεησόμενος. Das vorausgestellte τοῦτο durch einen folgenden inf. mit τό weiter ausgeführt I 5, auf ὡς bezogen ebendaselbst, auf ὅτι I 10, V 32, 46 (umgekehrt 54, 89). Die sonstigen Fälle der Beziehung eines vorausgestellten Demonstrativums auf ein folgendes Relativum übergehe ich, nur die zu Conjunktionen gewordenen Correlativa will ich noch anführen οὗ - ἐνταυθοῖ V 2, 10, VI 10, wofür V 2 auch οὗ — ἐν τούτῳ, 28 ἐν ᾧ — ἐν τούτῳ, 62 ἐνταῦθα — ἐν ᾧ, VI 9 ἵνα — ἐνταῦθα, ferner ἐπειδὴ — ἐντεῦθεν I 17, ἐπειδὴ — τότε V 25, 55, ἐπειδὴ — ἐνταῦθα V 29, 33, ὁπότ' — ἐνταυθοῖ And. I 89, endlich das gewöhnliche εἰ — οὕτω IV δ 7, 9. Vergleiche noch besonders mit der obigen Stelle aus Gorgias Antiphon VI 33 ἵνα — τούτου ἕνεκα.

Aus der hier erörterten relativen Häufigkeit der parataktischen und correlativen Satzverbindung resultiert ein verhältnismäßiges Zurücktreten der hypotaktischen Fügung. Wenn ich diese in den einzelnen Fällen nachzuweisen unterlasse, so geschieht es aus dem Grund, weil sich eben in den Fällen mit hypotaktischer Fügung eine Abweichung von dem späteren Gebrauch schwer erkennen läßt. Nur wenige Beobachtungen habe ich an einzelnen subordinierenden Conjunktionen gemacht, besonders bei ὅπου. Diese Conjunktion erscheint bei Antiphon großenteils, aber auch bei Andokides in viel ursprünglicherer Bedeutung als später. Man kann noch innerhalb der Prosa der attischen Redner den Bedeutungsübergang von einem relativen Ortsadverb zur konzessiven und adversativen Conjunktion beobachten, wenigstens kommt die Bedeutung „in einem thatsächlichen Falle, wo", die es bei Antiphon hat, der ursprünglichen sehr nahe. Man vergleiche VI 25: ἔλεγχοι σαφέστατοι — ὅπου εἶεν μὲν ἐλεύθεροι πολλοὶ οἱ συνειδότες, εἶεν δὲ δοῦλοι 2c. Von dieser Bedeutung aus ist der Uebergang zu der zweiten: „wenn, wie es thatsächlich der Fall ist" ein leichter. So haben wir es VI 19, 29, 30 (zweimal). Sehr deutlich wird diese Bedeutung durch die Gegenüberstellung von εἰ bei And. I 58: εἰ μὲν γὰρ ἦν δυοῖν τὸ ἕτερον ἑλέσθαι ἢ καλῶς ἀπολέσθαι ἢ αἰσχρῶς σωθῆναι, ἔχοι ἄν τις εἰπεῖν κακίαν εἶναι τὰ γενόμενα· — ὅπου δὲ τούτων τὸ ἐναντιώτατον ἦν 2c., wenn die Alternative gestellt gewesen wäre zwischen rühmlichem Tod und schimpflicher Rettung, dann würde man behaupten können, mein Benehmen sei eine Schlechtigkeit; wenn aber das Gegenteil davon thatsächlich der Fall war 2c.", vgl. And. II 1, III 2. Wie nun ἐν von der Bedeutung „in oder auf etwas beruhend" in manchen Fällen zu der Bedeutung „kraft, vermittelst" kommt (vgl. V 59 ἐν ἀφανεῖ λόγῳ und nicht selten bei Lysias, s. Sauppe zu Lys. XIII 12), so erhält auch ὅπου (= ἐν ᾗ) die Bedeutung „mit der Thatsache, daß" Ant. VI 32: ὅπου γὰρ ἐμοῦ ἐθέλοντος ἐλέγχεσθαι περὶ ὧν ᾐτιώντο —, ἐμὲ μὲν δήπου ἀπέλυον. Gorg. Palam. 25 („damit daß"). And. I 72 ist ὅπου (= ἐν ᾗ) auf ἀπολογίαν zu beziehen („auf Grund welcher"). Als einen Ansatz zur späteren Verwendung in dem argumentum ex contrario (vgl. Gebauer S. 56 ff.) finden wir es bei Antiphon I 7, in etwas abweichendem Gebrauch VI 48. Ganz deutlich zeigt schon Andokides II 27 die spätere, besonders bei Isokrates sich findende Bedeutung: „wenn schon" mit folgender Steigerung. Aehnlich III 36. Lysias setzt in demselben Sinn häufiger ὁπότε; ὅπου steht III 38 und XXVII 15 (bei letzterer Stelle in der Bedeutung: „damit daß"). Bei Isokrates finden wir nur ein Beispiel, das sich der früheren Bedeutung nähert, in einer der älteren Reden, XIX 15, dagegen zur Einführung einer Steigerung und zum arg. ex contr. gebraucht, häufig mit nachfolgendem ἢ πού γε: I 49, IV 162, 186, V 124, VIII 113, XV 33, 70, 208, 258. In XV 311 ὅπου mit part. = „obwohl" mit darauffolgendem ὅμως. Von Isäus und Demosthenes will ich nur die Stellen angeben und die Bemerkung beifügen, daß der letztere ὅπου wieder seltener gebraucht, meist in den älteren Reden: Is. III 11, IV 19 (vgl. οὗ VII 70), Dem. XXI 9, 205, XXII 11, XXVII 63, XXXIV 45, LVII 4, 5, 61, aus den unechten Reden: XXV 49, XL 57, XLII 1, XLIX 38, 57.

Gewiß zeigen sich auch an anderen Conjunktionen derartige Wandlungen des Gebrauchs, ob freilich innerhalb des verhältnismäßig geringen Zeitraumes von Antiphon bis Demosthenes, ist zweifelhaft, jedenfalls treten sie nicht so deutlich hervor. Auch würde es mich viel zu weit führen, wenn ich hier noch andere subordinierende Conjunktionen auf ihren Bedeutungswandel hin untersuchen wollte. Ich will vielmehr nach dem Beispiel, das ich an ὅπου geliefert, die Betrachtung der einzelnen Conjunktionen und auch der verschiedenen Arten der regelmäßigen hypotaktischen Satzverbindung aufgeben und mich zu der Erörterung der Fälle wenden, welche eben den Beweis liefern, daß die Handhabung des periodologischen Ausdrucks noch immer nicht zur Vollendung gediehen war. Im Zusammenhang damit will ich, was sich sonst noch Auffallendes in Satzkonstruktion und Diktion findet, behandeln. Es beweist dies eben alles die verhältnismäßig frühe Stufe der künstlerischen Sprachbehandlung.

Es kommen hier die Unebenheiten, Unrichtigkeiten und Härten des Ausdrucks, lockerer Anschluß des Gedankens, endlich offenbare Anakoluthien in Betracht. Die häufigsten Mängel in dieser wie in andern Beziehungen zeigt die erste Rede. Die Construktion I 2 ἡ γὰρ τύχη καὶ αὐτοὶ οὗτοι ἠνάγκασαν ἐμοὶ πρὸς τούτους αὐτοὺς τὸν ἀγῶνα καταστῆναι wurde schon von anderen getadelt. Hiemit ist zu vergleichen II § 4 τὴν ἀτυχίαν - αἰτοῦμαι μετασ̄τῆναι. Gegen die Forderungen grammatischer Construktion aber ist I 1 νέος μὲν καὶ ἄπειρος δικῶν ἔγωγε - ἀπόρως ἔχει μοι. Damit ist zu vgl. I 17 ἔδοξεν οὖν αὐτῇ—βέλτιον εἶναι μετὰ δεῖπνον δοῦναι—διακονοῦσα (Blaß 2. Aufl.: διακονοῦσαν). I 16 αὐτῷ — θύσαντα, VI 2 αὐτοῖς — τοῖς αὐτούς. Freilich ist die Assimilation auch später in vielen Fällen nicht vollzogen. Für Herodot ist zu vergleichen II 111 συνενεχθῆναι δέ οἱ τυφλὸν γενέσθαι. Aus Dem. XL (unecht) § 4 συνέβη γάρ μοι ὀκτωκαιδεκέτη γῆμαι. Gewöhnlich ist die Unterlassung der Assimilation, wenn sich der acc. beim inf. auf einen gen. bezieht. Ant. III γ 3 δέομαι ὑμῶν μὴ — πεισθέντας — ἡγήσασθαι und so oft bei den Rednern. Doch tritt auch die Assimilation schon früh ein, ein auffallendes Beispiel für den gen. haben wir bei Herodot III 75 γαμένου δὲ καὶ ταῦτα ἑτοίμου εἶναι ποιεῖν, für den dativ sind die Beispiele wieder häufig, bei unserem Redner VI 9 ἵνα ἐξῆν αὐτοῖς,—ἀποφῆναι καὶ ἐξελέγξασιν ἄνδρα—ἐχθρὸν τιμωρήσασθαι, vgl. 14. Hierher ist wahrscheinlich auch die Redensart zu rechnen, die sich VI 8 findet: ἐὰν ἡμῖν ἡδομένοις (sc. ᾖ), und die wir ziemlich häufig und deutlicher durch den Beisatz von ἀκούειν bei Demosthenes finden, XXIII 18: τί πρῶτον ἢ τί δεύτερον ἢ τί τελευταῖον βουλομένοις ἀκούειν ὑμῖν ἐστιν. 88: ἀλλ' ἵνα μὴ μακρὸν ἀκούειν ὑμῖν ᾖ, XXIV 19 ὅτι ἂν βουλομένοις ὑμῖν ἀκούειν ᾖ, XXI 130, XVI 3, XVIII 11. Von den unechten Reden vgl. X 46 und XXV 101. Diese Assimilation zeigt sich sogar auch nach ὥστε, vgl. Dem. XLVI 6. Nach einem vorausgehenden part. ein zweites in demselben Casus assimiliert LVII 51 καίτοι εἰ τοῖς ἐξελεγχομένοις ὧν μέν εἰσιν ἀποκρυπτομένοις, ὧν δ' οὐκ εἰσι προσποιουμένοις κτλ. IV 3. Vgl. übrigens Krüger § 48, 6, Anm. 4 und § 55, 2, Anm. 5 und 7 und Ziemer S. 96 und 97.

Im Gegensatz nun zu den obigen Fällen, in welchen, um einen jung grammatischen Ausdruck zu gebrauchen, die Ausgleichung zwischen zwei Formen noch nicht herbeigeführt ist, haben wir bei Antiphon auch andere Fälle zu verzeichnen, in welchen ein und dieselbe Form in verschiedener grammatischer Funktion steht. I 26 πῶς οὖν ταύτην ἐλεεῖν ἄξιόν ἐστιν ἢ αἰδοῦς τυγχάνειν; wo ταύτην einmal als Objekt zu ἐλεεῖν, das anderemal als Subjekt zu τυγχάνειν aufzufassen ist. Cobet, der in seinen nov. lect.

daran Anstoß nahm, wollte für ἐλεεῖν einsetzen ἐλέον. Doch nehmen Mätzner und Gebauer unter Anführung vieler Beispiele die Ueberlieferung mit Recht in Schutz. Ich vergleiche Dem. XXI 122 ὃς ἄνδρα ἀτυχοῦντα — ἅμα συκοφαντεῖν ᾤετο δεῖν καὶ πρὸς ἐμ᾽ αὐτὸν διαλύειν ἠξίου und füge aus unserem Redner hinzu VI 34 οὐδ᾽ αὐτοὶ ἠξίουν αἰτιᾶσθαι ἐμὲ οὐδ᾽ ἀδικεῖν ἐν τῷ πράγματι τούτῳ οὐδέν. Es wird hier ἐμέ als Subjekt aus dem Objekt des vorhergehenden Satzes entnommen. Dasselbe findet statt, wenn Subjekt von Objekt der Form nach verschieden ist, wie Kühner § 352 c. an Beispielen zeigt. Aus Antiphon ist damit zu vergleichen: καίτοι οὐδ᾽ οἱ τοὺς δεσπότας ἀποκτείναντες — ἀποθνήσκουσιν ὑπ᾽ αὐτῶν τῶν προσηκόντων, ἀλλὰ παραδιδόασιν αὐτοὺς τῇ ἀρχῇ. Freilich ist hier nicht sowohl οἱ δεσπόται als vielmehr οἱ προσήκοντες als Subjekt zu παραδ. zu ziehen.

Anakoluthisch schon wird die Construktion, wenn auf ein Subjekt nicht das dazu gehörige Verbum, sondern ein neues Subjekt mit Verbum folgt. Wir ersehen aus Thuk. III 34 ὁ δὲ προκαλεσάμενος ἐς λόγους Ἱππίαν — ὁ μὲν (sc. Ἱππίας) ἐξῆλθε παρ᾽ αὐτόν, ὁ δ᾽ ἐκεῖνον - ἐν φυλακῇ - εἶχεν, wie dies möglich ist. Ich verweise auf die obigen Erörterungen über μέν—δέ und das angeführte Beispiel Antisth. Ajas 2. Ebenso Thuk. IV 80 καὶ προκρίναντες ἐς διακιλίους οἱ μὲν ἐστεφανώσαντο -. οἱ δὲ οὐ πολλῷ ὕστερον ἠφανίσθησάν τε αὐτοὺς κ., wozu Krüger bemerkt: „προκρίναντες nur mit Bezug auf οἱ δὲ als Hauptsubjekt". Später treffen wir derartige Anakoluthien auch ohne Vermittlung von μέν—δέ. So Dem. XXXVI 3 — πάντα πεποιηκὼς Φορμίων οὑτοσὶ καὶ πολλὰ μὲν εὖ πεποιηκὼς Ἀπολλόδωρον τουτονί, πάντα δ᾽ — διαλύσας καὶ παραδοὺς δικαίως, καὶ πάντων ἀφεθεὶς — ὅμως — δίκην ταλάντων εἴκοσι λαχὼν αὐτῷ ταύτην συκοφαντεῖ (sc. Ἀπολλόδωρος). In der unechten Rede LII aber sehen wir ebenfalls die Vermittlung des Anakoluths durch μέν—δέ § 30: οὐ γὰρ οὕτω μοι δοκεῖ δύνασθαι ὥστε εὐκαταφρόνητος εἶναι, ὃς οὕτως ἐρρωμένος ἐστὶν ὥστε πέρυσί μοι λαχὼν τὴν δίκην ταυτηνὶ καὶ προκαλεσάμενος τῷ Λυσιτείδῃ ἐπιτρέψαι, ἐγὼ μὲν καίπερ καταπεφρονημένος ὑπ᾽ αὐτοῦ τοῦτό γε ὀρθῶς ἐβουλευσάμην · κατὰ τοὺς νόμους γὰρ ἐπέτρεψα καὶ ἀπένεγκα πρὸς τὴν ἀρχήν · οὗτος δὲ κ. Erst mit diesem οὗτος wird ὅς wieder aufgenommen. Ein für mich unentwirrbares Chaos ist Dem. XXI 71. Aus der Verwechselung der Beziehung eines vorausgeschickten Pronomens ist der Fall LII 30 entstanden; ganz analog ist Dem. XLVI (unecht) 17: εἰ δοκεῖ ὑμῖν ἀκόλουθον εἶναι τῷ τὴν τέχνην μὴ ἐξουσίαν δόντι ἐν τῷ αὐτῷ ἡμῖν ἐργάζεσθαι, τούτῳ τὴν γυναῖκα δοῦναι τὴν αὐτοῦ. Mit τῷ δόντι ist der Vater des Apollodoros, mit τούτῳ Phormion gemeint.

Anders geartet ist eine weitere Anakoluthie Antiphon's VI 23. Nach Hoppe fehlt hier wie VI 19 der Nachsatz. An der letzteren Stelle ist diese Annahme nicht absolut nötig, man kann den Nachsatz beginnen lassen mit καὶ εἴ τις μὴ ἀδικοῦντα κ., obwohl ich gestehe, daß man sich wegen des Parallelismus der beiden Glieder καὶ εἴ τις — καὶ εἴ τις zu der Hoppe'schen Annahme versucht fühlen könnte. Dagegen hat es eine andere Bewandtnis mit VI 23: ἰέναι ἐκέλευον λαβόντα μάρτυρας — τούτους ἐρωτᾶν καὶ ἐλέγχειν, τοὺς μὲν ἐλευθέρους, ὡς χρὴ τοὺς ἐλευθέρους — τοὺς δὲ δούλους, εἰ μὲν αὐτῷ ἐρωτῶντι τἀληθῆ δοκοῖεν λέγειν, εἰ δὲ μή, ἕτοιμος εἴην διδόναι βασανίζειν. Es erklärt sich dies aus der bekannten Erscheinung, die wir bei Antiphon selbst V 68 und schon bei Homer finden, daß, „wenn zwei Bedingungssätze durch εἰ μέν — εἰ δὲ μή einander entgegengesetzt werden, bei dem ersteren die Apodosis weggelassen wird, indem dieselbe einen leicht zu ergänzenden Gedanken enthält und die Rede zum folgenden, wichtigeren Gedanken eilt"; Kühner § 577, 3 c. Vgl. Hom. Jl. A. 135, Her. VIII 62, Thuk. III 3, Dem. XXXII 27. Statt des ersten Gliedes mit $εἰ\ μέν$ kann auch ein Satz eintreten, der eine Forderung enthält, das zweite Glied mit $εἰ\ δὲ\ μή$ bleibt. Dem. XLII (unecht) 15 $χρή—μὴ—πλέον\ τούτοις\ τοῦ\ δικαίου\ νέμειν · εἰ\ δὲ\ μή, πολλοὺς\ ποιήσετε\ τοὺς\ καταγελῶντας\ τῶν—δικαίων$. Ganz ähnlich LI 22. In unserer Stelle ist durch die Weglassung des Nachsatzes nach $εἰ\ μέν$ und durch die Anfügung eines selbständigen Nachsatzes nach $εἰ\ δὲ\ μή$ die Gedankenverbindung mit dem vorhergehenden gelöst, nur äußerlich wird eine Verbindung erhalten durch $μέν—δέ$. Wie in VI 23 könnte man die Ellipse des Nachsatzes statuieren in V 78 $εἰ\ δ'\ ἐν\ Αἴνῳ\ χωροφιλεῖ, τοῦτο\ οὐκ\ ἀποστερῶν γε\ τῶν\ εἰς\ τὴν\ πόλιν\ ἑαυτὸν\ οὐδενός$, wo Reiske $ποιεῖ$ vermißt.

Es bleiben von Anakoluthien noch übrig V 11 und 12, 93, VI 45, die von Hoppe angeführt werden, wozu ich noch füge IV $δ$ 3, woselbst man nach $εἴ\ τε\ γάρ$ ein zweites $εἴ\ τε$ mit der Fortsetzung $ὁ\ ἰατρός$ erwartet. Es wird in diesen Fällen allein in Folge des Zwischeneindringens von Gedanken die angefangene Construktion aufgegeben. Absichtlich abgebrochen erscheint die Construktion V 46, von ähnlicher Absichtlichkeit, meist rhetorischen Zwecken dienend sind die Anakoluthien bei Demosthenes wenigstens in den Staats- und bedeutenderen Gerichtsreden, vgl. Dem. XVIII 3, 277. Dagegen herrscht in den Privatprozeßreden, wie schon mehrere Beispiele gezeigt haben, bei ihm größere Sorg- und Zwanglosigkeit der Construktion. Als merkwürdiges Beispiel aus den unechten demosthenischen Reden möchte ich noch aufführen XXXV 7: $ἐδέοντό\ μου\ δανεῖσαι\ χρήματ'\ οὐδὲν\ εἰδώς$ (sc. $ἐγώ$) $οὐδ'\ ὁ Θρασυμήδης\ τὴν\ τούτων\ πονηρίαν$ κ.

Als ganz lockeren und nachlässigen Anschluß müssen wir bezeichnen VI 41 $ἃ\ τοῦ\ βασιλέως\ κατηγοροῦσιν\ καὶ\ διὰ\ τὴν\ ἐμὴν\ σπουδὴν\ οὔ\ φασιν\ ἐθέλειν αὐτὸν\ ἀπογράφεσθαι\ τὴν\ δίκην$. Es ist mit $καὶ\ διά$ κ. der Inhalt des $κατηγοροῦσιν$ angegeben, der sonst im inf. erscheint, hier aber in einen eigenen Satz mit $φασίν$ und durch $καί$ an $κατηγοροῦσιν$ angeschlossen erscheint, während das Relativum $ἅ$ ganz außer Beziehung zu dem zweiten Satz mit $καί$ zu sein scheint. Eine ähnliche Lockerheit der Verbindung entsteht nach unserer Auffassung in dem bekannten Fall, wenn an einen Relativsatz ein zweiter gleichgeordneter sich anschließt, in welchem das Relativ fortgeführt wird mit dem Demonstrativ oder mit $αὐτός$; vgl. III $β$ 1 $ὑπὲρ\ πραγμάτων ἀπολογεῖσθαι, ὧν\ ἐγὼ\ χαλεπῶς\ μὲν\ τὴν\ ἀκρίβειαν\ ἔχων, ἔτι\ δὲ\ ἀπορώτερον διάκειμαι, ὅπως\ χρὴ\ ὑμῖν\ ἑρμηνεῦσαι\ ταῦτα$. V 31 $ὁ\ μὲν\ γὰρ\ δοῦλος, ᾧ\ ἴσως οὗτοι\ τοῦτο\ μὲν\ ἐλευθερίαν\ ὑπέσχοντο, τοῦτο\ δ'\ ἐπὶ\ τούτοις\ ἦν\ παύσασθαι κακούμενον\ αὐτόν$ κ. Im ersten Fall wird die Loslösung vom Relativsatz für uns noch fühlbarer dadurch, daß $ταῦτα$ im abhängigen Satz mit $ὅπως$ steht.

Auch andere Verstöße gegen Sprachrichtigkeit und Korrektheit finden sich besonders in der ersten Rede. I 1: $τοῦτο\ μὲν\ εἰ—μὴ\ ἐπέξειμι, τοῦτο δὲ\ εἰ—ἀναγκαίως\ ἔχει—ἐν\ διαφορᾷ\ καταστῆναι$, während man erwartet $τοῦτο δὲ\ εἰ\ ἐπέξειμι · οὕτω\ γὰρ\ ἀναγκαίως\ ἔχει$ κ. I 26 ist nach $ἡ\ μὲν\ γὰρ\ ἀπέκτεινε$ die Form des Beweises $ἡ\ δὲ\ πέμψασα - ἀπέκτεινε$ ungenügend; man erwartet dafür wie im ersten Glied des Beweises eine Einleitung mit $πῶς\ οὔ$, welche am besten einzuschieben gewesen wäre vor $ἀπέκτεινεν\ ἡμῶν\ τὸν\ πατέρα$. Auch in I 4 wird der logische Fortschritt vermißt. Nach $καθεστᾶσι$ erwartet man nämlich als Folge aus dem vorhergehenden: „Ihr aber seid als solche, welche mir zu einer Sühne für den Tod meines Vaters verhelfen, meine Verwandten", im Griechischen also wenigstens einen Zusatz wie τίνες οὖν ἂν εἶεν ἀναγκαῖοι ἢ vor πρὸς τίνας ἔλθῃ τις βοηθούς ꝛc. Erklären kann man diese Ellipse dadurch, daß der Sinn derselben teilweise schon vorweggenommen ist in ὑμεῖς γάρ μοι ἀναγκαῖοι.

Manchmal erscheint grammatisch die Hauptbestimmung der Nebenbestimmung untergeordnet oder Unterordnung, wo Gleichordnung von dem Gedanken gefordert wird. II β 2 οὐκ ἀρκοῦν μοί ἐστιν ἐμαυτὸν ὅσιον καὶ δίκαιον παρέχοντα μὴ διαφθαρῆναι statt παρέχειν ἐμαυτὸν — δίκαιον ὥστε μὴ διαφθαρῆναι. Daß der Hauptbegriff gerade durch das part. häufig ausgedrückt wurde, lehrt Kühner § 490, 2. Ebenso könnte man auch III γ 4 τῷ μὲν οὖν δικαίῳ πιστεύων ὑπερορῶ τῆς ἀπολογίας, τῇ δὲ σκληρότητι τοῦ δαίμονος ἀπιστῶν ὀρρωδῶ ꝛc. übersetzen: „ich vertraue nun zwar auf mein Recht, in Folge dessen ich der Verteidigung überhoben bin, mißtraue aber" ꝛc. Doch gestehe ich auch die Möglichkeit einer andern Auffassung zu. Dagegen ist III γ 2 ἐγώ τε γὰρ πολλῇ ἀνοίᾳ χρώμενος οὐκ ἂν ὑπέλαβον τοῦτον ἀντειπεῖν nicht wohl anders zu übersetzen als: „Mit der Annahme, daß der Angeklagte nicht dagegen sprechen würde, habe ich großen Unverstand bewiesen". Fälle, wo wir Gleichordnung statt Unterordnung erwarten, sind II β 4: ἔχω δὲ οὐδαμῶς ἄλλως ἐλέγχειν ἢ ἐξ ὧν τοὺς ἄλλους ὁ κατήγορος ἀπολύων αὐτὸν τὸν θάνατόν φησι μηνύειν ἐμὲ τὸν φονέα ὄντα statt ἢ ἐξ ὧν ἀπολύει καὶ τὸν θάνατόν φησι ꝛc.; ebenso III δ 10. Doch haben wir in diesem Gebrauch der participia nicht eine antiphonteische Spezialität zu sehen, sondern eine Eigentümlichkeit des griechischen Sprachgeistes überhaupt.

In VI 21 ἔλεξα ὅτι — οὐ δικαίως αὐτὸν προκαθισταίη Φιλοκράτης — μελλόντων ἔσεσθαί μοι ἀγώνων πρὸς Ἀριστίωνα καὶ Φιλῖνον — ὧνπερ ἕνεκα τοὺς λόγους τούτους λέγοι erwartet man ebenfalls stets ὧνπερ ἕνεκα: τούτων γὰρ ἕνεκα.

Hiemit schließe ich die Betrachtungen über die Satzbildung bei Antiphon. Ich glaube, daß man aus dem Besprochenen wird ersehen haben, daß auch innerhalb der zeitlich nicht besonders ausgedehnten Literaturperiode von Antiphon bis auf Demosthenes von einer Entwickelung der griechischen Sprache die Rede sein kann und daß sich diese Entwickelung an verschiedenen Sprachformen deutlich zeigt. Ich behalte mir vor, dieselbe in ausgedehnterem Maße, als es in dieser Arbeit geschehen konnte, bei gelegener Zeit darzustellen.

Anhang
zur Feststellung des Textes.

Vorbemerkung: Zur Zeit, da ich diesen Anhang ausarbeitete, hatte ich die zweite Auflage der Blaß'schen Ausgabe von Antiphon noch nicht in Händen. Als ich sie später erhielt, ersah ich zu meiner Freude, daß Blaß darin nicht nur in der Würdigung der Aldina einen andern Standpunkt einnimmt, als in der ersten Auflage, sondern daß er auch in der Konstitution des Textes manches, was ich vorzuschlagen gesonnen war, vorweggenommen hatte. Wenn mir nun auch in einzelnen Fällen das Prioritätsrecht einer Textbesserung damit entzogen war, so befriedigte mich doch das Bewußtsein, mit einem Gelehrten von so anerkannten Verdiensten um die attischen Redner in der Rekonstitution des Textes dieselben Wege gegangen zu sein. Und treffend scheint mir Gerth in dem genannten Programme zu bemerken, daß das, was zwei unabhängig von einander gefunden, schon eine gewisse Bürgschaft der Richtigkeit in sich trage.

Wenn ich nun trotzdem die Fassung des Folgenden im wesentlichen nicht geändert oder diejenigen Stellen, in welchen meine Ansicht mit der von Blaß zusammentrifft, nicht ausgeschieden habe, so ist der Grund dazu der, daß ich glaubte, es dürfte doch wenigstens meine Motivierung einer solchen Stelle etwas neues enthalten. Daß eine solche Motivierung schon von Blaß oder einem sonstigen Bearbeiter des Antiphon gegeben ist, ist mir nicht bekannt.

I 7 sind von Blaß die Worte πῶς οὖν —εἴληφε; eingeklammert worden, meiner Ansicht nach mit vollem Recht. (Bl. 2. Aufl. hat eingeklammert nur πῶς—εἰδέναι). Schon Mätzner hat Zweifel gehegt an der Möglichkeit der Verbindung ἀλήθειαν λαμβάνειν und hat damit verglichen ἔλεγχον βάσανον λ. Ueberhaupt sind die Verbindungen mit λαμβάνειν bei den Rednern ziemlich mannigfaltig, besonders bei Lysias und Isocrates; so finden wir πίστιν, αἴσθησιν, ἐξέτασιν, αἰτίαν, ζημίαν, πεῖραν, ἔχθραν, λογισμόν, κρίσιν λ. 2c. Dagegen zu ἀλήθειαν erwarten wir πυθέσθαι wie § 13 σαφήνειαν πυθέσθαι. Auch will ich nicht unbemerkt lassen, daß als Anrede an die Richter ὦ δικάζοντες sich bei Antiphon sonst nie findet, und auch bei den Rednern bis auf Demosth. außer Gebrauch ist. Der Inhalt des Satzes ferner ist ja nichts weiter als eine müßige Wiederholung des Vorhergehenden, ohne daß damit der Gedanke auch nur eine andere Wendung erhielte.

Ebenso erscheinen mir im folgenden Paragr. I 8 die Worte τὰ γὰρ γενόμενα ἐν τούτῳ ἀφανισθῆναι ᾠήθησαν verdächtig und zwar in viel höherem

Grabe als die folgenden, hinter welchen Blaß ein Scholion vermutet. Ich mache vorerst aufmerksam auf den unmotivierten Wechsel des Numerus beim Verbum. Berechtigter scheint mir derselbe in VI 10, wenngleich ich auch über diese Stelle nicht zu einer Entscheidung gekommen bin. Auffällig erscheint mir ferner ἐν τούτῳ, das an Stelle eines negativen Ausdrucks (ἐν τῷ μὴ βασανισθῆναι) stehen soll. Wäre die Annahme nicht erlaubt, daß dieser Satz aus Rede V oder VI, in welche er sich dem Sinn nach sehr gut einfügen würde (vgl. V 38 und VI 35, 36), in die erste sich eingeschlichen hätte. Es ist ja überhaupt im höchsten Grade wahrscheinlich, daß Sentenzen der V. und VI. Rede in die erste Eingang gefunden haben, vgl. Blaß zu § 12.

II α 4. Ich gehe von der in den Handschriften sich findenden Lesart und von den schon gemachten Beobachtungen aus. Da scheint es mir vor Allem einen Zweifel nicht zuzulassen, daß ἄν nach ἔχοντες γάρ zu tilgen ist, es geht dies wohl mit unwidersprechlicher Gewißheit hervor aus der Stelle der Gegenrede II β 5 τὸ γὰρ μὴ ἐκδυθῆναι οὐδὲν σημεῖόν ἐστιν. Ueber die mit diesem Satz (ἔχοντες γάρ — εὑρέθησαν) vorgenommene Umstellung läßt sich erst entscheiden, wenn man zu einem bestimmten Urteil über den einleitenden Satz οὔτε γὰρ — ἄνθρωπον gekommen ist. Dieser Satz verdankt seine Existenz nur der editio Aldina. Nun enthält derselbe aber verschiedene Anstöße. Kayser sagt im Rhein. M. XVI: „Wenn II α 3 der Ankläger erklärt, den Nachweis versuchen zu wollen ὡς ἀπέκτεινε τὸν ἄνδρα, wird es immer sonderbar erscheinen, daß er sogleich fortfährt οὔτε γὰρ κακούργους εἰκὸς ἀποκτεῖναι τὸν ἄνθρωπον, daher wir, abgesehen von der aus περὶ τοῦ Ἡρῴδου φόνου von L(inder) nachgewiesenen Synonymität beider Ausdrücke, wo von einem Bundesgenossen, der gefoltert werden konnte, die Rede ist, nicht wahrscheinlich finden, daß Antiphon so schrieb statt ἀποκτεῖναι αὐτόν oder einfach ἀποκτεῖναι". Auch Spengel hat im XVII. Band derselben Zeitschrift die Form des Satzes für ungenügend erklärt: „Befremdet schon τὸν ἄνθρωπον, so nicht minder der Anfang οὔτε γάρ, während der zweite Beweis mit οὐ μὴν οὐδὲ eingeleitet wird. Dieses οὔτε γάρ ist ohne Zweifel aus der zweiten Rede des Klägers geholt. Dort beginnt die Beweisführung γ 2 mit εἴτε γάρ..., welchem aber ein entsprechendes εἴτε folgt". Schon vorher bemerkt derselbe, daß der Satz dem Gedanken nach aus δ 5 genommen werden konnte.

Diese Anstände sind heute noch nicht gehoben und ich glaube, daß eine Heilung auch nicht geschaffen werden kann, wenn man sich nicht dazu entschließt, die Worte οὔτε γὰρ κακούργους εἰκὸς ἀποκτεῖναι τὸν ἄνθρωπον zu streichen und die in den Handschriften eingehaltene Ordnung der Sätze herzustellen. So werden wir vor allem der handschriftlichen Ueberlieferung gerecht. Nun behauptet zwar Blaß (1 Aufl.), daß Aldus einen besondern codex zur Verfügung gehabt, dessen Autorität er hier gefolgt sei. Er schließt dies hauptsächlich aus der Beschaffenheit unserer Stelle, vgl. seine praefatio S. VI: „nam conjectura quidem nemo addere poterat nisi qui intellexisset omnia quae adscripsi verba non suo loco posita et ante οὐδεὶς γὰρ ἄν transponenda esse ɔc. (Blaß 2. Aufl. klammert οὔτε — ἄνθρωπον ein und statuiert darnach eine Lücke.) Kann man sich aber dann die Entstehung der Unordnung nicht so denken, daß zwar Aldus das Richtige gesehen, und die Worte, die er vor οὐδεὶς ɔc. eingesetzt wissen wollte, an den Rand gesetzt, der betreffende Setzer aber sie irriger Weise nach ἀπῆκεν

4

eingesetzt hat? So würden erstens die Worte οὔτε γὰρ — ἀνθρώπους sich als Conjektur des Aldus entpuppen und zweitens würde sich auch die Unordnung der Ueberlieferung erklären. Freilich müssen wir uns in diesem Falle eine sehr hohe Vorstellung machen von dem in den Geist der alten Schriftsteller eindringenden Verständnis des berühmten Editors, der so treffende Verbesserungen und Zusätze anzubringen wußte, daß sie später als ursprüngliche Lesart gelten konnten. Ich glaube aber, daß wir damit die Gelehrten jener Zeit nicht überschätzen, denen ja das Eindringen in den Geist der gr. Sprache und eines gr. Autors durch eine viel größere Vertrautheit mit der gr. Sprache, als sie heut zu Tage im allgemeinen vorausgesetzt werden kann, vermittelt und erleichtert wurde. Da nun auch Blaß keine weitere Stelle namhaft gemacht hat zum Beweise für die Annahme, daß Aldus einen jetzt nicht mehr vorhandenen codex benützt habe, so fällt damit diese Annahme in sich selbst zusammen.

Soviel ich an den bei Blaß angegebenen Abweichungen der Aldina von den Handschriften ersehen konnte, machen dieselben durchgehends den Eindruck scharfsinniger Conjekturen, so daß ich die Ansicht Sauppes, der alle Abweichungen als Conjekturen erklärt, vollständig unterschreibe. Einen bemerkenswerthen Fall, der diese Ansicht bestätigt, werde ich noch weiter unten (zu II δ 9) behandeln. Leider war es mir unmöglich, die von Sauppe in den quaestiones Antiphonteae zusammengestellten Lesarten einer mehr als flüchtigen Prüfung zu unterwerfen.

Es würde also nach meiner Meinung an den Schluß von § 3 πηρασώμεθα ὑμῖν δηλοῦν ὡς ἀπέκτεινε τὸν ἄνδρα sofort anknüpfen: οὐδεὶς γὰρ ἄν — ἀφῆκεν und darauf ἔχοντες γὰρ ϰ. Es würde dies ganz zu dem bekannten skizzenhaften Charakter der Tetralogien passen. Daß οὐδείς aufzufassen ist in dem Sinn von οὐδεὶς ἄλλος, wird nicht auffällig erscheinen nach Vergleichung von γ 7 οὐδεὶς γὰρ ἄν) ἐπεβούλευσεν αὐτῷ, das Mätzner S. 164 übersetzt nemo enim alius interemti vitae insidiatus est. Doch selbst, wenn wir annehmen müßten, daß Aldus die beanstandeten Worte aus einer ihm vorliegenden Handschrift genommen, würde ich keinen Anstand nehmen, sie als Interpolation in dieser zu bezeichnen. Zu den schon angeführten Gründen kommt nämlich noch ein weiterer hinzu durch Vergleichung von IV γ 2. Mir scheint bisher nicht beachtet worden zu sein, daß wir es daselbst mit einem ganz ähnlichen Fall zu thun haben. Auch dort erscheinen mir die Anfangsworte εἶπε δὲ πρῶτον μὲν, εἰ καὶ ἐκ τῶν πληγῶν ἀπέθανεν ὁ ἀνήρ, ὡς οὐκ ἀπέκτεινεν αὐτόν interpoliert, und ich glaube, daß der Beweis dafür weniger schwer ist und die Sache einfacher liegt als in II α 4. Ein äußeres Kennzeichen der Interpolation haben wir wohl daran, daß cod. A diese Worte am Rand hat; es sprechen aber auch innere Gründe dafür. Was den sprachlichen Ausdruck anlangt, hat schon Mätzner bemerkt, daß dem πρῶτον μὲν kein ἔπειτα entspricht und das δὲ in § 4 ἐτόλμησε δὲ zu entfernt steht, als daß es als in Beziehung auf πρῶτον μὲν stehend betrachtet werden könnte. Aber er beruhigt sich dabei, daß eben der Zusammenhang anakoluthisch unterbrochen sei und gibt dafür Beispiele aus unserm Redner und andern Schriftstellern. Aber auch inhaltlich haben wir manches an diesem Satz auszusetzen, nicht sowohl daß ein erster Einwand des Gegners eingeführt wird, nachdem wir in § 1 schon gelesen haben θέλω δὲ καὶ τὰ ἄλλα παραπλήσια ἀπολογηθέντα τούτοις ἐπιδεῖξαι αὐτόν, sondern daß als erstes

)rt wird ὡς οὐκ ἀπέκτεινεν αὐτόν, was ja gar nicht ein
t, sondern das Fazit der Beweisführung des Gegners
den unmittelbar darauffolgenden Worten und besonders
δή beginnenden Entgegnung des Redners, wo man doch
er Behauptung ὡς οὐκ ἀπέκτεινεν αὐτόν erwartet, davon
e, sondern es wird nur der gegnerische Einwand: „ich
icht angefangen" zu widerlegen gesucht, und das ist aller-
an aus β 1 ersieht, der erste gegnerische Einwand. Man
3 die einleitenden Worte von § 2 nicht in den Zusammen-
möchte also vorschlagen sie zu streichen. Dann hätten
en, so auch in der dritten Tetralogie denselben unmittel-
)on Einleitung zur Beweisführung, der zu dem Charakter
: stimmt, und wir hätten die Entstehung der Zusätze
schreiben, die „Skelette" von Reden, wie Spengel die
nd bezeichnet, mit Fleisch und Blut zu füllen.
IV γ 2 folgenden oratio obl. würden wir freilich ein
in Gedanken zu ergänzen haben. Doch ist daran nicht
vgl. Her. V 45, VII 120.
vielumstrittene Stelle haben wir in II γ 3. Auch hier
)erstellung der ursprünglichen Lesart etwas beitragen
scheint mir ausgemacht, daß mit Reiskes von Mätzner
r (Einschiebung von οὐχ vor ἱκανή) nichts gebessert ist,
im Gegenteil auf eine falsche Fährte gelenkt wird. So
inser Rh. M. XII mißbilligend darüber aus, er bezeichnet
: „Die Furcht vor der Anklage und die Rachsucht des
bann nicht ausgereicht, um den Angeklagten von seinem
t, als wenn beide Affekte nicht vielmehr geeignet gewesen
at zu reizen". Auch die darauffolgenden Worte scheinen
auch ἱκανή ἦν μὴ παῦσαι, wie Spengel einst vorschlug,
h ἱκανή ein affirmativer Inf. erwartet wird wie ἐπιτείνειν
ch glaube nicht fehlzugehen, wenn ich behaupte, daß man
zu beziehen hat auf οἱ ἧσσον κινδυνεύοντες, das folgende
μᾶλλον ἐν φόβῳ ὄντες. Denn damit mußte der Redner
en, mit dem Nachweis nämlich, daß οἱ μᾶλλον ἐν φόβῳ
ille also der Angeklagte, der That mehr verdächtig seien.
3 in III γ 4, IV γ 2, 4. Haben wir dies einmal erkannt
um unsere Aufmerksamkeit dem Ausdruck zu, so werden
ützpunkte für unsere Ansicht finden. Was ist verstanden
δικία, unter κίνδυνος und αἰσχύνη? φόβος ist κίνδυνος
rcht vor Gefahr, κίνδυνος die Gefahr selbst; es ist
)er den weniger Bedrohten zukommt, die Gefahr selbst
ten, vgl. α 6, γ 6, er war schon mitten in der Gefahr.
sieht sich durch seine Auffassung gezwungen φόβος und
: Weise zu übersetzen, das erste mit timor, nämlich doch
te mit periculi metus. In ähnlicher Weise wird man
a haben als das Unrecht, welches zu begehen die ἧσσον
egriffe stehen, dagegen αἰσχύνη (sc. ἐπὶ τοῖς γεγενημένοις)
Ausdruck zur Bezeichnung der Schande, welche auf dem
in Folge der gegen seinen Gegner verlorenen früheren

4*

Prozesse, vgl. α 6. Im Interesse des Anklägers liegt es
daß diese dem Angeklagten aus nächster Nähe drohend
bindung mit seinem verletzten Ehrgefühl ihn zur Vollb[r]
getrieben habe. Daher also nach meiner Ansicht: τοῖς μ[ὲν]
ᾗ τε ἀδικία ἱκανὴ ἦν παῦσαι τῆς προθυμίας, τοῖς δὲ ὁ
αἰσχύνη — οὐκ ἀρκοῦσα ἦν σωφρονίσαι τὸ θυμούμενον τ[ῆς]
vergleiche auch noch den gewöhnlichen Ausdruck τῆς π[αρ]
ungleich stärkeren τὸ θυμούμενον τῆς γνώμης. Von ger[ade]
ist wohl, daß, wie ich bemerkt zu haben glaube, Ar[tikel]
ἀρκοῦν ἐστι gewöhnlich negiert gebraucht, vgl. II β 2, δ

Bis hieher glaube ich meiner Sache sicher zu sein,
bin ich mir bewußt, mich auf einem mehr schwankenden [Boden]
Die dazwischen eingeschobenen Worte μείζων οὖσα [ἢ]
διενοήθησαν ταῦτα πρᾶξαι passen nämlich absolut nicht
Nach meiner Ansicht haben wir in εἰ πρᾶξαι eine Glo[sse]
(oder was man dafür einsetzt, vielleicht διανοίας), welche g[e]
gegeben hat zu der falschen Auffassung des Ganzen. V[gl.]
XIV 12 ἀλλ' οὔπω μείζων ἐστί· ὁ φόβος τῶν πρὸς ὑμᾶς
ἐνίοις διαφορῶν.

II δ 9 veranlaßt mich auf die Würdigung d[er]
zukommen. Es haben hier nämlich alle codd. gleichmä[ßig]
sinnlos ist, die Aldina allein das dem Sinne vollstä[ndig]
νεωτερίζειν, und dies ist daher eine der wenigen Stellen,
man geneigt wäre, der Aldina den Wert einer selbstä[ndigen]
zuzuschreiben. Nachdem aber diese Ansicht schon erschütt[ert]
doch vorsichtig handeln, wenn wir uns fragen, ob nicht die
Lesart auf eine Conjektur zurückzuführen ist und ob [die]
stimmung der codd. auf etwas anderes hinweist. Unter[dessen]
drängte sich mir der Gedanke auf, ob wir es denn an [dieser]
mit einer kühnen antiphonteischen Neubildung zu thun h[aben]
einem Wort ἑτερίζειν. Außer νεωτερίζειν vergleiche i[ch]
σφετερίζειν, das von σφέτερος genau so gebildet erscheint
ἕτερος. Ein solches Wort ἑτερίζειν findet sich allerding[s]
Stephanus ersehe, in der ganzen griech. Literatur nic[ht]
unmöglich, dasselbe dem Antiphon zuzuschreiben? Da[ß]
ἑταιρίζειν entstellt werden konnte, ist von vornherein klar
Gerade wie hier haben wir in einem andern F[all]
Schreibfehlers in der Aussprache zu suchen, nämlich
Blaß, 2. Aufl. praef. p. XXII: „eodem modo omnes se
hebetiores fuerunt, es magis libros suos corruperunt -
II α arg. pro Μιχίνην, quod ejusdem est inscitiae:
nuntiabat Mikinin, id Μικήνην scribere consuerat, neq[ue]
quem supra se esse intellegebat. Somit hätten wir i[n]
die Lesart der Aldina als eine scharfsinnige Conjek[tur]

III β 4 f. Hier ist von Blaß eine Umstellung vor[geschlagen]
die er im Rhein. M. XXI begründet. Er sagt: „Die [Stelle]
wenn man genau zusieht, nicht in Ordnung; der Satz δι[ὰ]
εἰ q. s. wird als Gegensatz zu dem vorigen eingeführt, i[st]
Er steht vielmehr zu demselben eigentlich in gar keinem log[ischen]

Ich glaube, daß man sich über Derartiges bei Antiphon nicht wundern darf; wenigstens ist es keine Seltenheit, daß etwas als Gegensatz eingeführt wird ohne es wirklich zu sein, und zwar geschieht dies häufig absichtlich und in sophistischer Weise. Man vergleiche II γ 8 εἰκότως μὲν, ἀνοσίως δέ 2c. oder mit Anaphora II α 6 εἰκότως μὲν ἐπεβούλευσεν, εἰκότως δὲ—ἀπέκτεινε oder V 79 ἠλλάξαντο μὲν—ἐπειδὸν δέ 2c. Uebrigens ließe sich an unserer Stelle auch ein gewisser Gegensatz herstellen, indem durch das δέ nicht sowohl der Satz τὸ μειράκιον οὐ δικαίως ἐπικαλεῖται, sondern ὁ—παῖς—ἑκουσίως—ἐπελθὼν ἔτι σαφεστέρως δηλοῦται διὰ τὴν αὐτοῦ ἁμαρτίαν ἀποθανὼν dem Vorausgegangenen gegenüber gestellt wird. Man vergleiche darüber noch, was Spengel im Rhein. M. XVII sagt: „Da die Beweisführung ihrer Tendenz nach nicht selten spitzfindig wird und die logische Folge eine sophistische Richtung nimmt, hält es oft schwer, den Gedanken im Sinn des Autors aufzufassen und zu würdigen". Es ist nicht blos die Beweisführung, sondern überhaupt die Darstellung besonders in den Tetralogien λεπτή καὶ ἀκριβής, wie Antiphon selbst sagt, und eben deßhalb scheint es mir nötig zu sein, mit Aenderungen der Textordnung sehr vorsichtig zu sein.

III γ 2 ist schon oben behandelt,

IV γ 2 in Verbindung mit II α 4.

V 27 schlage ich an Stelle des unverständlichen κᾆτ' ἐγώ vor: καίτοιγε mit Vergleichung von V 19 und 74; vgl. auch das Programm von Wetzel, Laubach 1879, S. 30 f.

V 32 halte ich die Einsetzung von μετά nach ἐπιτιμηταί, welche Blaß für gut befunden hat, nicht für nötig, da ich den Gen. τῶν σφίσιν αὐτοῖς συμφερόντων abhängig mache von dem in βασανισταί und ἐπιτιμηταί liegenden gemeinsamen Begriff κριταί; und wie § 71 gesagt wird βασανίζειν τὰ πράγματα, so kann es hier auch wohl heißen βασανισταὶ καὶ ἐπιτιμηταὶ τῶν σφίσιν αὐτοῖς συμφερόντων.

V 86. Die Richtigkeit der Conjektur Sauppes κατὰ μέντοι τούτους wird von Linder und Kayser bestritten; was letzterer aber an die Stelle setzt, Einschaltung von ἐξεταζόμενα s᾽. τὰ τοιαῦτα vor ἐλέγχεσθαι, will mir auch nicht genügen. Denn nicht davon ist die Rede, daß, wie K. meint, die Form des Rechts oft den Sieg über die Wahrheit davon trage, sondern, nach dem vorausgehenden und folgenden zu schließen, speziell von dem Nutzen einer öfteren, wiederholten Prüfung des Prozesses. Und wo wäre in der Kayser'schen Textherstellung der Gegensatz der beiden von ἰδίους abhängigen Sätze zu finden, der doch ganz sicher in dem μέντοι angedeutet liegt? Man vergleiche ferner noch die Stellung der Worte κατὰ τοὺς νόμους und κατὰ μέντοι τὸ δίκαιον und man wird zu der Ueberzeugung kommen, daß man es hier mit einem Gegensatz zu thun hat, in welchem die Glieder chiastisch gestellt sind; nur fehlt uns jetzt in dem ersten Satz das erste Glied, welches dem ὡς πλειστάκις ἐλέγχεσθαι im zweiten korrespondiert. Sehen wir uns nun nach diesem fehlenden Glied um, so müßte es der chiastischen Ordnung gemäß gestanden sein an Stelle der Worte περὶ τῶν τοιούτων; bei diesen fällt uns aber die gänzliche Inhaltslosigkeit der Bedeutung auf; warum soll der Satz εἶναι τὴν δίκην κατὰ τοὺς νόμους nicht ganz allgemein gelten, warum soll er beschränkt werden auf besonders gelagerte Fälle, auf τὰ τοιαῦτα? Wir werden zu der Ueberzeugung kommen, daß in diesen Worten die Verderbnis ruht, und wenn wir nun den Gedanken in's Auge fassen und den schon angedeuteten Gegensatz vollenden, so werden wir statt περὶ τῶν τοιούτων schreiben: ἅπαξ κρινόντων. ἠξίουν dürfen wir dann freilich nicht fassen in dem von Sauppe und Kayser rezipierten Sinn „verlangen", sondern in der schon von Harp. dem Antiphon zugeschriebenen Bedeutung: „glauben". Vgl. Fragment 60 (bei Blaß) ἀξιοῖ ἀντὶ τοῦ νομίζει Ἀ. ὑπὲρ τῆς εἰς τὸν ἐλεύθερον παῖδα ὕβρ. Freilich, erlaube ich mir in Parenthese beizufügen, findet es sich bei Antiphon auch in dem ersteren Sinn, vgl. die Tetralogien. Zu dem von mir vorgeschlagenen gen. abs. ἅπαξ κρινόντων ist natürlich ἐμῶν oder τινῶν zu ergänzen. Aehnliche absolute Genitive ohne den Zusatz des nomen haben wir ja bei Herodot ziemlich häufig und nach seinem Vorgang auch bei Antiphon, vgl. oben.

Im folgenden Paragr. V 87 erscheint mir der Sinn der Worte: ἀνάγκη δὲ τῆς τε) δίκης νικᾶσθαι παρὰ τὸ ἀληθές, αὐτοῦ τε τοῦ ἀληθοῦς, [ἄλλως τε] καὶ ἐὰν μὴ ᾖ ὁ τιμωρήσων trotz aller Emendations- und Interpretationsversuche noch immer nicht plan und einfach. Ich möchte daher einen neuen Vorschlag machen, ohne für denselben absolute Giltigkeit beanspruchen zu wollen. Ich schlage nämlich das umgekehrte Verfahren von Spengel ein und erkenne in dem handschriftlichen ἄλλως τε καὶ ein ἀδικεῖσθαι, das ich dann auch in VI 5 einsetze mit Veränderung von αὐτοῦ τοῦ ἀληθοῦς in αὐτὸ τὸ ἀληθές. Das nun hergestellte αὐτό τε τὸ ἀληθὲς ἀδικεῖσθαι wäre ganz in antiphonteischer Manier, vgl. II γ 1 ἥ τε ἀτυχία ἀδικεῖται.

VI 3. Das mit Recht eingeklammerte αὐτοῦ nach τοιούτου stellt man wohl am besten in die nächste Zeile vor τοῦ δικαίου.